PERSPECTIVAS DE
LA VIDA ENTRE VIDAS

EXPLORANDO EL
ALMA ETERNA

ANDY TOMLINSON

Publicado por *From the Heart Press*
Sitio web: www.fromtheheartpress.com

Primera publicación *O Books,* 2007
Segunda publicación *From the Heart Press,* 2012
Traducción al español *Carmen Martinez Jover, 2013*
carmen@carmenmartinezjover.com

Derechos sobre el texto: Andy Tomlinson
ISBN: 978-0-9572507-1-0

Todos los derechos reservados. A excepción de breves citas en artículos o reseñas críticas, se prohíbe la reproducción parcial o total de este libro en cualquier forma sin la autorización previa y por escrito de la editorial.

Los derechos de Andy Tomlinson como autor han sido afirmados de acuerdo con el Copyright, Designs and Patents Act 1988 (Ley de derechos de autor, dibujos y patentes de 1988).

Un registro de catálogo para este libro está disponible en la Biblioteca Británica.

Diseño: Ashleigh Hanson, Email: hansonashleigh@hotmail.com

Traducción al español: Carmen Martinez Jover, Email carmen@carmenmartinezjover.com

Para saber más sobre Andy Tomlinson y sobre terapeutas de vida entre vidas, visite el sitio web: www.spiritual-regression-therapy-association.com y para el entrenamiento en la regresión de vida entre vidas visite el sitio: www.regressionacademy.com.

Contenidos

PREFACIO 1

INTRODUCCIÓN 3
Sentando las bases; la fiabilidad del material *entre-vidas*; la mecánica de la regresión entre-vidas; el progreso de la investigación entre-vidas; la presentación de las transcripciones.

1. HACIA LA LUZ 13
Los tres reinos; dejando el cuerpo; grupos de bienvenida; el túnel.

2. VOLVIENDO A SER UNO 31
Sanación; capas de liberación; manejo del trauma; descanso especial; reintegración de la energía del alma.

3. REPASANDO VIDAS PASADAS 55
Perspectiva del alma; reflexiones solitarias; repasos con el guía espiritual; la biblioteca de libros de la vida; estudios con los sabios.

4. GRUPOS DE ALMAS 81
Almas gemelas; experiencia del alma; dinámicas grupales; guías espirituales.

5. ACTIVIDADES DE ESPECIALISTAS 95
Sanadores, guías y maestros; búsqueda intelectual; trabajando con energía.

6. PLANEANDO LA VIDA SIGUIENTE 109
Planeación con otras almas; vistas previas de una vida; vistas previas de opción múltiple; planeación con los sabios; recapitulaciones, recordatorios y disparadores.

7. DINÁMICAS KÁRMICAS 141
Aprendizaje, experiencia y crecimiento; el rol del libre albedrío; lecciones emocionales y habilidades especiales; vidas altruistas.

8. REGRESANDO A LA ENCARNACION 151
Selección de energías, emociones y fortalezas; embarcarse y capas de recuperación; unión con el cuerpo; el velo de amnesia.

9. CONCLUSIÓN 171
Guía y apoyo; retroalimentación de los sujetos; pensamientos finales.

APÉNDICE 179
La historia de la investigación entre-vidas; detalles de la investigación; preguntas usadas para la retroalimentación de los sujetos; comparación con otros pioneros entre-vidas.

GLOSARIO 187

REFERENCIAS DE LAS FUENTES 193

BIBLIOGRAFÍA 197

INDICE 199

SOBRE EL AUTOR 201

LECTURAS ADICIONALES 203

PREFACIO

He sido un terapeuta de vidas pasadas y de terapia de regresión por más de diez años y he ayudado a cientos de clientes a superar varios problemas psicológicos, incluyendo el permitirles un vistazo de la muerte después de una vida pasada. En el 2003 me topé con el trabajo de otros pioneros de vidas pasadas que han regresado a personas más allá de una vida pasada y dentro de la vida entre vidas. Esta fue mi inspiración para comenzar en el camino para convertirme yo mismo en un terapeuta de regresión de vida entre vidas. En el 2006 fue publicado mi primer libro: *Healing the Eternal Soul* (Sanando el Alma Eterna), el cual incluía un capítulo sobre la regresión de vida entre vidas. Conforme lo escribía sabía que esta era un área que quería expandir en un libro entero. Mencioné esto a un colega cercano, Ian Lawton, quien acababa de terminar de escribir un libro llamado *Book of the Soul* (El Libro del Alma). Tuvimos la idea de trabajar juntos. Ian añadiría su habilidad analítica y de investigación y yo añadiría mi conocimiento y habilidades sobre la vida entre vidas. Después de nuestra investigación conjunta se hizo claro que era más adecuado que la información se convirtiera en dos libros para ser atractivo a diferentes audiencias.

Este es el primer libro de la investigación y cubre la experiencia individual de gente ordinaria que han tenido regresión de vida entre vidas. Explora el increíble mundo que nos espera a todos después de la muerte física. Información nueva y emocionante de la vida entre vidas es identificada conforme este territorio se explora más a fondo y se traza. Ian asistió produciendo el análisis de las transcripciones y el esquema del libro y necesito agradecerle por sus asombrosas habilidades. La investigación fue más allá al haber hecho preguntas estructuradas en un amplio rango de temas a los evolucionados espíritus de luz encontrados durante la vida entre vidas. Se desarrollaron nuevas técnicas para acceder a un conocimiento increíble, e Ian ha escrito esta parte en un libro relacionado llamado *The Wisdom of the Soul* (La Sabiduría del Alma).

Quisiera agradecer a las personas que dieron su tiempo generosamente y por proveer su retroalimentación después. Demostraron una buena cantidad de valentía y desinterés personal al compartir sus experiencias personales de la vida entre vidas con el mundo. Quisiera expresar mi más sincera gratitud a todos ellos. Esto también se extiende a Liz Swanson por la ardua labor de transcribir los casetes de las sesiones de regresión.

Si este libro inspira a los lectores a explorar su propia vida entre vidas hay una lista de terapeutas profesionalmente entrenados por mí que pueden ser encontrados en el sitio web; *www.spiritual-regression-therapy-association..*

INTRODUCCIÓN

Quiero saber lo que te sostiene en el interior cuando todo lo demás desaparece. Quiero saber si puedes estar solo, contigo mismo, y si te agrada la compañía que guardas en los momentos vacíos.

Mountain Dreamer, Sabio Indio Oriah.

SENTANDO LAS BASES

La idea de que tenemos vidas pasadas se está expandiendo más y un número creciente de personas están teniendo su propia experiencia. Los terapeutas que ofrecen regresiones a vidas pasadas usan frecuentemente el trance hipnótico. Esto permite que las memorias de la vida pasada rápidamente emerjan a la consciencia plena y frecuentemente con una claridad asombrosa.

Los escépticos dicen que las memorias de vidas pasadas son simplemente el producto de la habilidad de la imaginación humana para construir una historia plausible. La información necesaria podría haber sido obtenida por medios perfectamente normales en el transcurso de la vida de una persona. Podrán también quizás señalar inexactitudes factuales. De cualquier modo, esto es un rechazo demasiado ligero para un fenómeno tan complejo.

Hay una serie de razones para tomar las vidas pasadas seriamente. Primero, un número considerable de casos investigados independientemente han sido publicados en los cuales la gente ha recordado información que ha sido subsecuentemente verificada. Frecuentemente esta información es obscura y tan detallada sobre el periodo de la vida pasada que es improbable que hubiese sido obtenida por medios normales. También, las circunstancias de muchos de estos casos han sido investigadas a fondo sin algún señal de engaño deliberado.

Otra razón es el profesionalismo de los terapeutas de vidas pasadas. Algunos escépticos sugieren que los terapeutas no son profesionales y dan sugestiones conducentes a los clientes porque ellos mismos creen en la reencarnación. Esto está muy alejado de la verdad. Muchos pioneros en los sesentas y principios de los setentas fueron psicólogos y psiquiatras profesionalmente entrenados. De entre los americanos se incluyen Michael Newton, Morris Netherton, Edith Fiore, Helen Wambach y Brian Weiss. Los otros incluyen a Briton Roger Woolger, al canadiense Joel Whitton, al australiano Peter Ramster y al holandés Hans TenDam. Casi todos ellos describieron cómo se convirtieron en ateos mientras estudiaban en la universidad. Usando hipnosis convencional para regresar a sus clientes de vuelta a su infancia, ellos experimentalmente tropezaron con lo que aparentaba ser vidas pasadas. Sin excepción llegaron a creer en su autenticidad por los increíbles efectos terapéuticos producidos por sus recuerdos. Algunos clientes que no responden a las terapias convencionales por muchos años tuvieron mejoras dramáticas después de tan sólo unas cuantas sesiones.

Los escépticos podrán sugerir que la gente solamente recuerda las vidas pasadas cuando eran famosos y esto es debido a su ego. Sin embargo, esto es incorrecto porque muchas de las vidas pasadas recordadas son como gente ordinaria en las condiciones culturales que han prevalecido a lo largo de la historia humana. En algunos casos las vidas pasadas son sucias, brutales y cortas. Es importante que todas las vidas pasadas son significativas para la persona que la experimenta. Frecuentemente reportan un rango completo de emociones incluyendo miedo, enojo y tristeza conforme se revisa la vida pasada. Esto contradice fuertemente cualquier sugestión de que estas son meramente fantasías.

Introducción

El área final que ha de ser examinada es la investigación con niños que espontáneamente recuerdan vidas pasadas. El profesor Ian Stevenson y su equipo en la Universidad de Virginia han investigado y documentado miles de casos en los cuales los reportes de los niños sobre vidas pasadas han sido subsecuentemente verificados. Con frecuencia la información era tan obscura que no podía haber sido explicada sino a través de la reencarnación. Por ejemplo, un niño de cinco años reportó 49 detalles específicos sobre una experiencia de una vida pasada que luego fue verificada por al menos dos testigos independientes que conocían a la persona de la vida pasadas. Esta investigación, en conjunto con toda la otra evidencia, proporciona un caso convincente de que las vidas pasadas han de ser tomadas seriamente.

La Fiabilidad del Material Entre-Vidas

La pregunta obvia es ¿Qué pasa entre vidas? En una regresión de vida entre vidas los clientes reportan que hay una transición a la luz después de la muerte de la vida pasada. Las descripciones son con frecuencia el mirar atrás a la escena debajo o rápidamente desplazarse hacia la luz. Si la muerte de la vida pasada fue traumática, así como en una batalla, ejecución o accidente, muchas de estas severas memorias están aún presentes. Curación y descanso son ofrecidos en la vida después de la muerte. En algún punto, tiene lugar un repaso de la vida pasada, frecuentemente con un guía espiritual. Este es un alma evolucionado que ha estado supervisando la vida pasada.

En un punto más tarde la narrativa se mueve hacia el encuentro con un grupo de almas. Estas son las almas que trabajan juntas y con frecuencia reencarnan conjuntamente en algún trabajo significativo. Destaca en el periodo entre-vidas el encuentro con los "sabios"; almas que han alcanzado un nivel de experiencia y sabiduría que no les requiere físicamente reencarnar. Ellos revisan el progreso del alma frente a ellos y pueden discutir aspectos de las vidas pasadas hasta que se haya llegado a un entendimiento sobre lo que se espera de la vida siguiente. Logrado con amor, compasión y la participación del alma, esto conduce hacia la siguiente encarnación física teniendo un propósito.

Así que, ¿Qué tan fiable es esta información? La regresión entre-vidas ha sido desarrollada progresivamente a lo largo de los últimos 20 años, pero particularmente en la última década. La historia es estudiada en el Apéndice. Algunos de los pioneros son Joel Whitton, Helen Wambach, Dolores Cannon, Peter Ramsden y Michael Newton. Muchos de ellos se toparon con el entre-vidas al emitir comandos imprecisos a un cliente durante una vida pasada e increíblemente los encontraron hablando de memorias del alma entre-vidas. Miles de personas han tenido ya su propia experiencia entre-vidas guiada por los pioneros u otros terapeutas entre-vidas entrenados por ellos. Los reportes entre-vidas muestran una consistencia notable pero lo que es particularmente importante es que muchas de las personas en estas regresiones entre-vidas no tenían conocimiento previo de que existiese cualquier experiencia entre vidas. También tenían creencias que variaban desde el ateísmo a todas las religiones importantes del mundo. Este es un punto importante a notar; que la creencia previa del cliente parece no hacer ninguna diferencia en la naturaleza de su experiencia entre-vidas.

Un área que ha de ser discutida concierne a la conducción subjetiva de los pioneros o terapeutas entre-vidas. La narrativa que ha sido usada en las transcripciones que ha sido usada a lo largo de este libro mostrarán el tipo de preguntas abiertas que son usadas. Bajo hipnosis los clientes responden a las preguntas de manera extremadamente literal, parecido a un programa de

Introducción

computadora. En otras palabras, el cliente responderá solamente a la pregunta hecha. Deliberada falsificación de la información es virtualmente imposible, a menos que el cliente no estuviese realmente en trance, y un terapeuta con habilidad puede indicar cuando ese sea el caso. Una persona en trance profundo no puede ser simplemente dirigido a experimentar algo a menos que ellos tengan la información con la cual responder. Aún más importante es que mucha de la información es completamente nueva para el cliente, y aun así relevante para el contexto de su vida actual. El testimonio entre-vidas es consistente con lo que ahora suma a miles de clientes. La fortaleza recae en lo que viene de innumerables hombre y mujeres ordinarios. Mucha gente cree que esta es la fuente más profunda de sabiduría espiritual que haya estado disponible para la humanidad.

LA MECÁNICA DE LA REGRESIÓN ENTRE-VIDAS

Las técnicas usadas en la regresión entre-vidas están detalladas en mi libro *Healing the Eternal Soul* (Sanando el Alma Eterna). Permítame tomar un momento para resumir cómo funciona el proceso. La hipnosis ha sido tradicionalmente el acceso para regresar hacia las vidas pasadas. Solamente un nivel leve de trance es necesario y esto puede ser logrado con una breve inducción hipnótica, meditación, o técnicas similares. Para una regresión entre-vidas los clientes han de estar en un nivel más profundo de trance, frecuentemente el estado theta que se experimenta justo antes de entrar en el sueño. En este nivel la mente consciente del cliente se encuentra inactiva y su vínculo intuitivo se abre completamente a las memorias entre-vidas. Así que la manera normal de entrar al entre-vidas es desde una vida pasada mientras se está en hipnosis profunda.

Claro que el terapeuta ha de ser capaz de juzgar la profundidad del trance y aunque esta no es una ciencia exacta, hay indicadores físicos. Conforme el cliente profundiza más en el trance su circulación sanguínea se hace más lenta y su respiración se hace menos profunda. Cuando se habla ahí hay una demora en la respuesta de las preguntas y se da una respuesta literal. No obstante, cuando un cliente comienza a hablar, cierta profundidad del trance se pierde. A pesar de que es posible profundizar el trance durante el entre-vidas, una vez que el vínculo intuitivo ha sido establecido, tiende a permanecer en esta forma incluso para niveles más ligeros de trance. Lo importante para el terapeuta es notar si el cliente ha perdido el vínculo intuitivo y se ha desplazado a un nivel consciente. Esto se logra comprobando si las respuestas son literales y evaluando la calidad de la voz. En algunos casos el cliente mismo incluso interrumpirá la sesión para decir que su mente consciente se encuentra activa.

El problema más común que puede bloquear una regresión entre-vidas es cuando un cliente no logra un trance profundo. Un 15 porciento de la población puede experimentar esta dificultad. Sin embargo, una repetida exposición a la hipnosis profundiza la experiencia y algunos clientes se benefician del uso de un CD de auto-hipnosis. Ocasionalmente problemas emocionales personales surgen y por supuesto éstos han de ser limpiados antes de que tenga lugar una regresión entre-vidas. A un nivel espiritual, un bloqueo puede venir del guía espiritual del cliente. Parte o toda la experiencia entre-vidas puede ser detenida porque la mente consciente del cliente no está lista aún para recibir los "secretos del alma". El dar demasiada información puede menoscabar su habilidad de usar su libre albedrío en las situaciones de la vida actual y aprender de ello. Esto tiende a ocurrir más en clientes jóvenes o aquellos que se encuentran en medio de una situación de vida difícil. Siempre y cuando la profundidad del trance haya sido creada previamente y el vínculo intuitivo haya sido

Introducción

establecido, la mayoría de las sesiones explorando el entre-vidas puede continuar por un máximo de dos horas sin problemas.

El Progreso de la Investigación Entre-vidas

He tomado ya a más de 160 personas, principalmente del Reino Unido, Alemania, Holanda y Escandinavia, a través de regresiones entre-vidas. Veinte de éstas han experimentado entre-vidas más de una vez, de modo que al momento de estar escribiendo este libro, habré guiado más de 180 sesiones.

Una consideración para seleccionar a sujetos para este tipo de investigación es el evitar criticar el que el conocimiento previo del sujeto influenció el contenido de su regresión entre-vidas. Esto es particularmente el caso con los libros de entre-vidas de Newton que han vendido cientos de miles y están ampliamente disponibles. Así que por esta razón algunos de los sujetos para la investigación fueron deliberadamente escogidos porque no habían leído ningún libro de entre-vidas o algún tipo similar. Esto fue hecho a través de un cuestionario sobre su conocimiento previo.

Otras consideraciones fueron el haber escrito un consentimiento de cada cliente para usar su transcripción y el contenido de entre-vidas necesario para ser ampliamente representativo de todos los demás.

Basada en esta información, se jerarquizó una selección final de 15 casos entre-vidas en diferentes categorías. Cinco vinieron de cada una de las siguientes categorías:

- *Alto:* Habían leído previamente acerca del entre-vidas con cierto detalle y retuvieron una cantidad significativa de esa información.
- *Medio:* Habían leído previamente acerca del entre-vidas algunos años atrás y habían olvidado los detalles.

- *Bajo:* No habían leído u oído previamente acerca del entre-vidas o habían tenido una exposición muy limitada.

Veremos de las narrativas del caso de estudio en el libro que los sujetos con un nivel alto o medio de conocimiento previo algunas veces salieron con nueva información. Esto sugiere que sus sesiones no pudieron haber sido totalmente influenciadas por su conocimiento previo. Aún más importante es que aquellos que no tenían conocimiento previo, describieron aun así los mismos elementos fundamentales de la experiencia. De hecho algunos de los relatos más interesantes y detallados vinieron de estos sujetos.

El planteamiento de la investigación que es usado es diferente al de otros pioneros del entre-vidas. Primero, los sujetos vinieron principalmente de Europa en vez de Norteamérica. Segundo, y más importante, a cada sujeto le fue dado un pseudónimo y su narrativa los sigue a través de todas las etapas de una experiencia entre-vidas. Esto permite que se hagan comparaciones entre los diferentes entre-vidas para dar una presentación más amplia e interesante de la experiencia. El Apéndice tiene un resumen tabular que muestra todos los detalles personales de los sujetos, los principales elementos de su relato entre-vidas, y el orden de estos eventos. Este planteamiento permite también que los sujetos den su retroalimentación de la experiencia y su efecto en ellos, el cual es mostrado en el capítulo 9. De esta manera el usar múltiples narrativas de los sujetos concede una presentación más a fondo de este tipo de experiencia.

Para entrar en su último entre-vidas, se le regresa normalmente al cliente a su vida pasada más reciente. Esto hace posible que se beneficien del conocimiento para planear su vida actual y su propósito. Si un cliente desea experimentar más de este entre-vidas, en otra ocasión pueden ser guiados para recoger la experiencia y explorarla más allá. Claro que si se usa una vida pasada diferente, el siguiente entre-vidas será diferente al primer

Introducción

entre-vidas. Para demostrar esto, se le dio a uno de los sujetos dos sesiones entre-vidas de diferentes vidas pasadas y los aspectos contrastantes fueron examinados. Esto proporcionó una perspectiva útil de la cual no se había hablado antes. Algunas veces cuando el cliente es regresado a una vida pasada, podrá no ser la más reciente. Esto pasa algunas veces cuando el ser superior del cliente lo considera apropiado. La vida pasada que viene a la superficie siempre parece contener información más relevante para la vida actual del cliente. Cuando esto ocurre con un cliente, normalmente cambio los marcos temporales de la mitad de un entre-vidas con una instrucción para moverse hacia el proceso de planeación en el entre-vidas más reciente. Así el cliente puede beneficiarse al encontrar sobre la planeación de vida para su vida actual. De cualquier modo, para algunos de los sujetos en el libro deliberadamente los dejé en el entre-vidas original para proveer un contraste de investigación. De nuevo, esta es una ventaja de utilizar el planteamiento de narrativa y ha abierto nuevas áreas a investigar.

Ojalá estos nuevos planteamientos cubriendo la experiencia en sí, la presentación y el análisis, se construya sobre el trabajo de Newton y otros pioneros. Ayudará también a progresar en nuestro entendimiento colectivo de lo que es en la mayoría de los casos una experiencia profunda y conmovedora.

La Presentación de las Transcripciones

No se han presentado todas las partes de los casos de estudio porque algunas partes eran menos detalladas o reveladoras que otras. Aquellas que han sido citadas proporcionan la lectura más interesante. Con frecuencia mis preguntas y las respuestas están mostradas por completo, pero donde mis preguntas son menos importantes solamente se usan las respuestas de los sujetos.

Cualquier omisión está marcada por puntos. Una dificultad con los sujetos en trance es que en ocasiones repiten lo que dicen y su gramática puede ser pobre; particularmente para aquellos que no tenían el inglés como su primer idioma. Por ello algunos ajustes menores se han hecho para mejorar la legibilidad. A manera de clarificación, he agregado ocasionalmente algunos de mis propios comentarios en corchetes negros. La intención primordial ha sido el presentar transcripciones que sean legibles y aún tan precisas como posibles en relación al contenido original.

1

HACIA LA LUZ

La muerte es un favor para nosotros
pero nuestras básculas han perdido su balance.
Somos sólo un vuelo a medio aire de vino dorado.
Muhammad Hafiz, Persia, Siglo XIV.

¿Qué pasa después de la muerte? Recientemente la humanidad ha confiado en las varias tradiciones, religiones y esotéricas para brindar las respuestas. El propósito original de éstas era el ayudar al desarrollo espiritual de diferentes culturas en diferentes periodos de la historia de la humanidad. A un nivel más profundo todas ellas tienen un mensaje espiritual importante que es muy similar, frecuentemente llamado "Sabiduría Antigua". Sin embargo, cuando se trata de proporcionar información sobre lo que ocurre después de la muerte, estas tradiciones han brindado desafortunadamente toda clase de contradicciones y confusión. Hay descripciones de paraísos, infiernos, bardos, dioses, ángeles, demonios y los juicios y tribulaciones a superar. El problema con muchas de estas visiones tradicionales de la muerte es que contienen distorsiones muy amplias, sin importar cuan puras y sabias hayan sido sus fuentes originales. Dadas estas contradicciones, no se usará ninguna tradición particular para una comparación con la experiencia entre-vidas.

No obstante, es útil brevemente mencionar los reportes de experiencias cercanas a la muerte. Estos ocurren con frecuencia después de un ataque al corazón y duran hasta que la persona es resucitada. Se ha acumulado una evidencia considerable de estas experiencias. Un ejemplo notable es la investigación del cardiólogo Dr. Pim van Lommel y sus colegas del Hospital Rijnstate en Arnhem, Holanda. Ellos investigaron las experiencias de 344 pacientes del corazón resucitados después de un paro cardíaco a lo largo de un periodo de 13 años. Todos se encontraban clínicamente muertos en algún momento de su tratamiento. Sesenta y dos de ellos reportaron una experiencia cercana a la muerte, con 41 describiendo una experiencia que incluía el viajar en un túnel, alcanzar una luz y encontrarse con parientes. Durante su experiencia cercana a la muerte muchos pacientes no tenían actividad eléctrica del cerebro. Esto significó que su recuerdo de la experiencia cercana a la muerte no podría haber sido explicado por explicaciones científicas tradicionales. Investigación más a fondo concluyó que factores médicos no podrían explicar estas experiencias. Dada la importancia de esta evidencia moderna, una comparación entre experiencias cercanas a la muerte y entre-vidas será incluida en este capítulo.

Los Tres Reinos

A ausencia de consistencia de las tradiciones espirituales, un modelo básico ha sido desarrollado para asistir en el entendimiento de lo que ocurre después de la muerte. Se puede pensar como un modelo conteniendo tres reinos. Es quizás útil usar la analogía de los diferentes estados del agua para describir estos reinos y sus diferentes niveles de energía. El nivel más denso es el estado sólido del hielo. Cuando las vibraciones de su energía aumentan, el hielo se convierte en agua y eventualmente en vapor. Así que relacionando esto con el modelo espiritual, la energía espiritual más densa es el reino físico en el cual todos estamos actualmente encarnados. El siguiente nivel más alto de vibración es el reino astral conteniendo la energía espiritual que deja al cuerpo después de la muerte. Es en este reino donde reside la energía espiritual atrapada en la tierra. El nivel más alto de energía vibracional es a lo que se puede referir como el reino de luz. Esto es a lo que normalmente se refieren los sujetos de regresiones entre-vidas o experiencias cercanas como "la luz" u "hogar". Es también aquí donde los sujetos describen encuentros con guías espirituales, grupos de almas y sabios.

No es apropiado el pensar que los reinos astrales y la luz tengan una ubicación tal como "allá arriba", etc. En cambio, estos reinos pueden ser vistos como ocupando una diferente dimensión del "espacio universal" que es simplemente experimentado. Una analogía es un sueño del cual no se puede decir que exista en algún lugar, pero se le puede ver como una dimensión que no obstante experimentamos. Otro aspecto de estos dos reinos es la naturaleza del tiempo. Ningún sujeto entre-vidas reporta cuánto tiempo pasa por la simple razón de que sin un cuerpo físico, sujeto al deterioro y a la muerte, el tiempo pierde todo significado. Así que las experiencias entre-vidas reales podrán tomar segundos o años. Todo lo que se fija en el tiempo es el punto en el que se deja el cuerpo físico en la muerte y el punto en el que se entra al bebé para la siguiente reencarnación.

Para volver a la cuestión sobre lo que pasa después de la muerte, las transcripciones siguientes en este capítulo y toda la evidencia moderna apuntan hacia que las almas humanas reencarnadas tienen solamente dos opciones principales después de la muerte. La primera es que si se encuentran severamente confundidos o desorientados y retienen una fuerte identificación con la gente o lugares en el reino físico, podrán rehusarse a ir hacia la luz. Algunas veces puede ser por asuntos inconclusos, así como fuertes emociones no resueltas de odio, amor, miedo, celos o venganza. Si han sido matados inesperadamente, tal como en un accidente o en una guerra, ni siquiera podrán darse cuenta de que están muertos. Aunque se han obviamente despojado de su cuerpo físico, el cuerpo espiritual puede existir en el reino astral por una longitud variable de tiempo antes de darse cuenta del predicamento. En ocasiones con la ayuda de médiums o un guía espiritual que se dirige a ellos, ellos regresan hacia el reino de luz.

La segunda opción es que ellos entran al reino de la luz brevemente después de la muerte. La evidencia entre-vidas parece sugerir que la vasta mayoría de las almas hacen esto. La única excepción a este ciclo de reencarnación es cuando un alma ha evolucionado suficientemente en experiencia kármica en el reino físico y no tiene nada que ganar volviendo a él. En este punto hay aún una variedad de opciones para un desarrollo espiritual mayor en el reino de la luz.

Así que tenemos el reino físico que es hogar para el cuerpo físico, el reino astral siendo un estado transitorio, y el reino de la luz siento el hogar verdadero para todas las energías del alma. Habiendo establecido el contexto para las experiencias entre-vidas, dirijamos ahora nuestra atención a los varios elementos.

Dejando el Cuerpo

Todos los pioneros de entre-vidas reportan que la experiencia comienza con el sujeto moviéndose o flotando hacia fuera de su cuerpo físico después del punto de muerte en una vida pasada. Usualmente expresan una repentina sensación de ligereza y libertad, y en ocasiones la escena de muerte es observada por un rato con un aire de desapego. Algunos incluso intentan con éxito limitado el contactar a amigos y familiares en pena, para darles consuelo antes de que se muevan hacia la luz.

Generalmente los sujetos confirman estas descripciones. Nicola Barnard, quien tenía un conocimiento previo mínimo sobre el entre-vidas antes de su sesión, proporciona uno de los relatos más lúcidos de partida. Ella regresa inicialmente a una escena en una vida pasada en la que ella es una figura sentada en

Hacia la Luz

un templo de mármol, cuando de pronto un terremoto causa que éste se colisione alrededor de ella:

Ve al punto cuando tu corazón deja de latir y dime, ¿Qué ocurre?
Hay una sensación de que estoy sobre el piso, y luego ya no estoy en el piso.
¿Has dejado el cuerpo o te encuentras aún en el cuerpo?
Puedo ver mi cuerpo. Estoy boca abajo, peor estoy muerta. Puedo ver mi sangre.
¿Puedes describir la escena debajo tuyo?
Es caos, pero lo peculiar es que ya no se mueve. Todo se ha detenido. No hay gritos y nadie corre alrededor. Mi cuerpo está tendido boca abajo sobre un piso de piedra y me han golpeado piedras en la cabeza. Me siento muy indiferente. No me siento angustiada para nada.
¿Qué te sucede después?
Ha venido gente hacia mi cuerpo. Están muy preocupados y llorando. Están muy alterados y asustados pero no estoy yo allí. Estoy en algún sitio por encima. Conozco a estas personas, son mis amigos. De alguna forma en toda esta locura, hay una clase de camilla o algo así, y ellos están poniendo mi cuerpo sobre ella.
OK, ve al punto cuando te sientas lista para partir.
Ya no estoy en el edificio. Hay grandes nubes blancas y cielos azules. Es al lado del mar.
¿Estás mirando hacia la dirección a la que vas, o estás mirando hacia atrás?
Estoy muy alto, pero sigo mirando hacia abajo, y puedo ver el mar.
¿Sientes alguna clase de impulso o simplemente sabes hacia qué dirección ir?

Estoy consciente de que hay personas que eran mis amistades, las cuales se encuentran aún en la tierra. Estoy simplemente consciente en cuanto a ellos, y no es necesario acercarme.
¿Te sientes atraída a quedarte y ver lo que ocurre con ellos o puedes seguir adelante?
Creo que me puedo marchar.
OK, simplemente describe tu experiencia conforme avanzas.
Es un poco como un túnel, hacia adentro, aunque se siente muy blanco para mí. Casi como un túnel que no es para nada obscuro; casi como si estuviera hecho de neblina y cosas. Es gracioso porque estoy caminando, pero estoy en el cielo. No hay una sensación de un soporte físico, pero estoy caminando, más que flotando. Me veo igual. Mi cabello es lacio y llevo puesto el vestido blanco y las sandalias. Percibo a estas personas viviendo en pequeñas casas junto al mar, y siento mucho afecto hacia ellos. Es hora de partir y tengo una sensación de ser atraída. Es como si fuera llamada, pero no puedo oír nada. Así que es más como una atracción, como un tirón. Estoy triste. Alguna parte de mi se siente triste de partir. Estoy aún prolongándolo, si sabes a lo que me refiero. Amo el mar. Realmente amo el mar.

La leve renuencia de Nicola a partir fue probablemente causada por la naturaleza súbita e inesperada de su muerte. En breve veremos que esto no le evitó entrar a los reinos de luz. Mientras tanto, en otro tema, Lene Haugland aporta una intrigante dimensión nueva. Ella describe como después de una vida como una mujer india nativa americana, quien muere a la edad de 72 años, "se parte en millones de fragmentos" para facilitar su salida del cuerpo:

Sé qué hacer.
¿Qué es lo que sabes hacer?

Tengo que hacerme pequeños fragmentos, millones de pequeños fragmentos.
¿Has dejado el cuerpo físico por completo?
Sí, y todos estos fragmentos tienen una clase de energía magnética para que puedan reunirse por un pequeño momento.
¿Qué empieza a pasar después?
Es como una piscina de fragmentos que se introduce a un flujo de luz, y es como una sensación magnética, como si fuese arrastrada hacia algo.
¿Cuál fue la razón para encontrarse en millones de fragmentos?
Esa fue mi manera de salir de mi cuerpo. Es mucho más simple de esa forma.
¿Hay otras maneras en las que has salido de tu cuerpo antes?
Oh, puedo salir de muchas formas diferentes. Una manera es salir completamente, pero es muy pesado hacerlo de ese modo. Es por eso que me rompo en todos estos fragmentos porque no es tan pesado.
¿Cómo logras hacer que te conviertas en todos estos pequeños fragmentos?
No lo sé, simplemente ocurre.

Esta descripción parece ser muy singular. No obstante, introduce un concepto importante sobre la energía del alma si estando partida retiene un vínculo con cada pedazo de sí misma y eventualmente se reúne. Esto será desarrollado posteriormente en el libro. La salida del cuerpo es frecuentemente mucho más fácil, como es ilustrado en el reporte de Verónica Perry. Ella es un sujeto interesante por el detalle de sus experiencias a pesar de su conocimiento previo mínimo. Esta es la segunda y más corta de sus dos experiencias entre-vidas. Ella muere apaciblemente después de una vida sencilla y está rodeada por sus hermanas:

Ve al punto cuando tomas tu último aliento.
[Suspiro profundo]
Y dime lo que ocurre.
[Suspiros] Me siento muy ligera. Estoy viendo hacia abajo, a mi cuerpo. Mi hermanas están sentadas junto a él. Se habían preparado muy bien para mi fallecimiento y todo se encuentra en orden. Es como si estuvieran haciendo un espacio en la energía para que pueda yo seguir adelante con facilidad.
¿Cómo están haciendo esto?
Enfocándose en el amor y la paz, al aceptar el proceso con alegría. No nos lamentamos. Lo vemos como un nuevo inicio, no como un fin.
¿Te ayuda esto de alguna manera?
Siento que es tan fácil seguir adelante. Observo y veo a tantas almas tratando de seguir adelante y siendo detenidas. Sus seres amados quieren fuertemente que se queden y no pueden seguir adelante apaciblemente. Siento un gran honor por que me es permitido seguir adelante tan fácilmente.
¿Qué experimentas después?
Simplemente siento que me alejo más y más. Puedo ver el cuarto y a mis hermanas. Luego, conforme me alejo más, puedo ver aún más. Puedo ver sobre todo el lugar. Siento como si estuviera siendo alejada.

Aquí Verónica levanta un punto interesante. El intento de un alma de hacer la transición hacia la luz después de la muerte, puede ser obstaculizado por el duelo excesivo de los seres queridos que no los quieren perder. Esto es frecuentemente peor si no tienen un entendimiento de que el alma que parte sobrevive a la muerte y que se reencontrarán en los reinos de luz. En la mayoría de los casos el duelo no evitará realmente que el alma parta hacia la luz a menos de que tampoco acepte lo que ha ocurrido. En este caso maravillosamente instructivo, Verónica y sus seres queridos están completamente preparados para su muerte. Lo toman incluso como una celebración de su regreso a su verdadero hogar, haciendo su labor mucho más sencilla.

Grupos de Bienvenida

Otra investigación entre-vidas sugiere que a pesar de que almas más experimentadas pueden estar perfectamente felices de hacer la transición hacia la luz por sí solas, otras almas son ayudadas. Esto puede ser por un guía espiritual o por amigos o parientes ya fallecidos de esa misma vida. Algunos de ellos pueden ser miembros de su grupo de almas, con las cuales han compartido muchas encarnaciones.

Los sujetos corroboran de nuevo esta visión. Liz Kendry describe el encontrar a miembros fallecidos de su familia después de su muerte como una mujer de ochenta y tantos años como prosigue:

> *Simplemente describe la escena debajo de ti.*
> Estoy sentada en un sillón con mi cabeza reposando y parece como si estuviese durmiendo. La chimenea.
> *¿Sientes alguna necesidad de quedarte con el cuerpo?*
> Voy junto con un tirón. Vuelvo la cara de la tierra y miro hacia delante.
> *Dime si te haces consciente de cualquier luz en la distancia.*
> Tres. Me muevo hacia ellas.
> *¿Qué comienzas a notar?*
> Percibo que uno de ellos es mi esposo y los otros dos son mis padres.
> *¿Qué ocurre conforme haces contacto con tu esposo y tus padres de nuevo?*
> No lo puedo creer. Es como un sueño. Quizás esté sólo soñando.

¿Te abrazan de alguna forma?
Sí.
Describe cómo se siente cuando te abrazan.
Me siento rodeada de amor. Es como si envolviesen sus cuerpos completos a mi alrededor.

Esto levanta un aspecto interesante de la transición inicial que quizás requiere alguna clarificación. Los reinos de luz pueden ser percibidos como "una luz" en experiencias cercanas a la muerte. En experiencias entre-vidas la luz, después de una examinación más cercana, siempre termina siendo una o dos almas de bienvenida. En ocasiones pueden ser grupos de almas. Para Liz son el esposo y sus padres de esa vida quienes son su grupo de bienvenida. Este es un fino ejemplo del profundo sentido de amor y comodidad que caracterizan a estas reuniones.

Esto es demostrado más a fondo por Jack Hammond, quien inicialmente regresó a una vida relativamente corta en la que fue matado como un joven soldado en la Segunda Guerra Mundial mientras trataba de salvar a un amigo. Su guía espiritual llamado Garth se encuentra con él inicialmente, pero luego algunas de sus almas compañeras deciden jugarle una broma:

¿Cómo se siente el estar en presencia de Garth?
Cómodo. Reposado. Como que es donde deberías estar. Es como todo debería ser.
OK, continuemos.
Um. Estoy siendo dejado pero siento que no estoy solo. Estoy con gente.
¿Están estas personas en forma humana o en forma de energía?
Es intermedio, es frustrante. Si lo pusiera en términos humanos, diría que hay media docena de personas,

sombreados, con capas finas y capuchas. Ah, no, se las han quitado ahora. Se burlan de mí, sonriéndome.
¿Había alguna razón para que trajeran puestas estas capas finas?
[Ríe] Están jugando una broma.
¿Cuál es la broma?
¿Cómo lo explico? Es como si hubiesen aparecido deliberadamente de una manera que yo no lo hubiese esperado. Tiene algo que ver con mis características y mi naturaleza. Algo como, "crees que lo sabes todo, pero, verás, no es así". Es como si los conociera bien. No puedo decir quienes son en términos humanos, porque están enmascarados.
¿Qué se siente estar en su presencia?
Ah, es hermoso. Son amigos. Nos abrazamos los unos a los otros, sonriendo, riendo. Están disfrutando mucho de su broma.
¿Pueden convertirse en cualquier cosa que deseen?
Sí, creo que esa era la broma. No se encontraban en forma humana como tal, se encontraban en forma de energía, la cual habían hecho aparecer como estas personas con capuchas de tipo misterioso. Eso es obviamente significativo para mí, como que fuera una broma para mí. Es algo que tiene que ver con mi ego. Me estaban de alguna forma dando una lección.
¿Qué clase de diálogo tienes con ellos después de esta introducción inicial?
Es muy liviano y no serio. No es una discusión profunda, es casi como un comité de bienvenida, diciendo "bienvenido" y "es bueno verte de nuevo" y ese tipo de cosas.

Este caso introduce otro concepto del entre-vidas. La percepción de los cuerpos espirituales puede cambiar, simplemente por la proyección de pensamientos, en energía. El cuerpo normal del alma es por supuesto solamente energía, pero puede ser mostrado en forma humana para el beneficio del alma que viene llegando. Esto será explorado a mayor detalle después. En su primera sesión entre-vidas, Verónica Perry regresó a la vida de una mujer que de nuevo llevaba una vida sencilla y murió en cama a la edad de 86 años, rodeada de su familia. Al partir de su cuerpo, se encuentra con su guía espiritual y una serie de ayudantes:

¿Qué ocurre después de tomar tu último aliento?
Puedo ver bellas luces acercándose a mí. [Suspira] Todas vienen y me envuelven. Este hermoso calor, es como estar recostado en el sol.
¿Sabes lo que está de hecho ocurriéndote en este momento?
Son mis guías espirituales que han venido a recogerme.
¿Esta es la presencia que puedes sentir a tu alrededor en este momento?
Sí. Se siente acogedor.
¿Hay algún diálogo entre tú y tu guía espiritual?
Solamente me está dando la bienvenida de vuelta.
¿Qué son estas otras luces?
Son también guías y ayudantes.
¿Qué sucede después?
Me están moviendo hacia delante y estoy dejando la habitación y dejando el cuerpo ahora por completo. Echo un último vistazo atrás.
Dime lo que ves.
Es como que mis amigos y familia me están viendo partir. Parecen estar conscientes del partir de mi energía y están tristes pero contentos también. Siento como si me fuese con su amor y su bendición y miro hacia delante.
¿Conforme ves hacia delante, qué más estás consciente de ver?
Mis guías y ayudantes a mi alrededor. Me sonríen.

A pesar de que los seres queridos no la detienen se puede encontrar en ambas sesiones de Verónica, es claro que esta es una transición substancialmente diferente. En ésta se encuentra con guías y ayudantes al tiempo de la transición.

Volviendo a la narrativa de Nicola Narnard, la víctima del terremoto, eventualmente parte hacia los reinos de luz a pesar de su renuencia inicial a dejar su hogar físico junto al mar. Su descripción resalta el punto importante de las percepciones:

> Puedo ver flores, y pasto, y quizás edificios, pero son diferentes a los que hay de donde yo vengo. Son sencillos y hay una cualidad diferente en este lugar. Es más liviano, ¡¿ya sabes?! Es como si todo estuviera ahí y de alguna forma no ahí. Así que a pesar de que hay edificios, no se ven muy densos... Creo que soy parcialmente yo misma creándolos. Pareciera que cuando me enfoco en algo, está ahí.

Todos los pioneros del entre-vidas reportan que en los reinos de luz podemos dar a nuestros alrededores una cantidad variable de forma semi-física. Esto es logrado simplemente porque la energía sigue al pensamiento. Frecuentemente ocurre durante la transición inicial, particularmente para almas menos experimentadas que necesitan características físicas que les hagan sentir más cómodos y en casa. Es por ello que las sesiones entre-vidas contienen con frecuencia reportes de enormes castillos cristalinos, o verdes prados y flores. En ocasiones las escenas son descritas como salones de clase y bibliotecas, o percibidos como templos con domos y columnas. Todas estas características contienen a menudo elementos de un edificio o escenas favoritas de la vida en la tierra.

Las almas de bienvenida se proyectan a sí mismas en la forma que dará comodidad a aquellos con quienes se encontrarán, quien con frecuencia es un familiar o un amigo de la vida pasada.

Mientras más experimentadas sean las almas, más cómodo les es encontrarse con otras almas y sus alrededores en su forma natural de energía.

Es así como Verónica Perry describe a un guía espiritual con el cual se encuentra, justo antes de recibir sanación en su segundo entre-vidas:

> Siento que él es de hecho un poco juguetón. Puedo verlo en forma de energía, pero puedo ver también la cara de alguien que podría reconocer en forma física. Es una luz blanca muy, muy brillante, y luego, conforme me muestra una presencia más física, los colores que son inicialmente muy iridiscentes se hacen más profundos.

El Túnel

Ambas Verónica Perry y Nicola Barnard se refirieron previamente al ser "jaladas" hacia la luz, y la mayoría de los sujetos hablan en términos similares del ser jalados por fuerzas no vistas hacia ella. Esto levanta la pregunta sobre las descripciones del viajar a través de un "túnel obscuro" y hacia la luz que es tan común en reportes de experiencias cercanas a la muerte. Esto parece ocurrir rara vez en regresiones de entre-vidas y la mayoría de los sujetos no mencionan la idea. Solamente Newton incluye una transcripción que hace referencia a un túnel, pero reporta también que la mayoría de sus sujetos ven meramente "blancura brillante rodeándolos totalmente al momento de la muerte". Ramster explica que sus sujetos ocasionalmente ven "algo semejante a un túnel o tubo" y Fiore explica que "algunos han experimentado el ir a través de un túnel con una luz al otro extremo".

Volviendo a nuestros sujetos, Liam Thomson se encontró cometiendo suicidio como un joven en Irlanda después de que su novia se negó a huir con él porque tenía que atender a su madre enferma. Describe después de su muerte el entrar en un "vórtice negro girando". Wendy Simpson lleva esta descripción más lejos y prosigue a clarificar la confusión sobre la experiencia del túnel. Ella regresa inicialmente a la vida de un hombre pobre en el desierto, el cual al final se encuentra tendido sobre un diván en una tienda de campaña sufriendo de fiebre y atendido por su esposa y madre. Después de la muerte su alma no está dispuesta para continuar:

¿Qué ocurre conforme tomas tu último aliento?
Una sensación de mirar hacia abajo.
¿Qué puedes ver?
Solamente piel y hueso.
¿Algo alrededor del cuerpo?
Solamente las dos damas, y un sentimiento de apego al cuerpo.
¿Qué ocurre después?
Es como si estuviese suspendida, no me puedo realmente mover.
¿Quieres seguir adelante, o te sientes atorada?
Me siento atorada por un momento. Es como algo soltándose.
¿Sabes qué es lo que te detiene?
Se siente como un cordón. Puedo aún sentirlo muy profundo en mí.
¿Qué ocurre después?
Aún se siente un poco atorada.
Avanza al punto donde sucede algo más.
Ahora la succión es demasiado fuerte, y el cordón se está haciendo más delgado, y estoy siendo jalada hacia arriba. Es como si hubiera un túnel de luz.
Simplemente describe este túnel con un poco más de detalle.
Puedo ver que al final hay una luz brillante y me estoy moviendo a través de la parte obscura y saliendo hacia la luz

brillante. Tengo una sensación de encontrarme con seres. Tengo una sensación de estar viajando.
¿En qué punto estuviste consciente de que el cordón se hizo más delgado?
Justo antes de que entrara en el túnel. Se hizo más delgado y luego fui jalada hacia el túnel. Después ya no sentí el cordón.

En experiencias cercanas a la muerte y en aquellos que exploran el viajar "fuera del cuerpo", un cordón que conecta la energía del alma al cuerpo físico es frecuentemente mencionado. Esto es de cualquier modo inusual en experiencias entre-vidas. Volviendo a la obscuridad del túnel bajo mayor cuestionamiento, Wendy provee una respuesta sobre su experiencia:

> Es porque estaba atorado. Era el no ser capaz de dejarme ir, el estar atrapada en la tierra… la obscuridad del túnel representa el espacio entre irse y quedarse. Fue el miedo lo que me hizo experimentar la obscuridad. Para continuar hacia la luz, tuve que abrazar al miedo y aceptarlo.

Parece que aquellos que experimentan cierto nivel de miedo y confusión después de la muerte son más propensos a percibir la obscuridad en vez de la luz. Esto puede ser del mismo modo en experiencias cercanas a la muerte, cuando las personas perciben que están frente a una muerte repentina e inesperada.

No obstante, ¿Hay más sobre el túnel que esto? Algo a recordar es que las experiencias cercanas a la muerte son diferentes porque la persona está siempre volteando hacia el "portal" y forzado a volver. Así que quizás su percepción del túnel provee una guía que les permite no sólo el ser jalados hacia los reinos de luz, pero también volver de ellos.

Este capítulo ha establecido que las experiencias cercanas a la muerte y las entre-vidas tienen de hecho similitudes. Ambas describen el dejar el cuerpo y el encontrar a grupos de bienvenida de amigos o familiares fallecidos, o para algunos un guía espiritual. A pesar de que el túnel negro y el cordón no son frecuentemente mencionados en experiencias entre-vidas, el caso de estudio de Wendy provee una perspectiva útil. Algunas personas que tienen una experiencia cercana a la muerte pueden describir el encontrarse con un ángel o algún profeta identificable o deidad. Quizás esa persona tiene una fuerte creencia religiosa y estas son proyecciones de energía de los grupos de bienvenida para el beneficio de esa persona.

2

Volviendo a Ser Uno

*Aquellos que no sienten este amor
jalándolos como un río.
Aquellos que no beben alba
como una copa de agua de manantial
o toman el atardecer como cena.
Aquellos que no quieren cambiar,
déjalos dormir.*
Jelaluddin Rumi, místico Sufista, Siglo XIII.

Sanación

Algunos de los pioneros del entre-vidas describen un proceso de sanación interna para las almas que regresan a los reinos de luz. Ramster meramente describe cómo las almas parecen necesitar un "descanso" inicial. No obstante, Newton reporta más específicamente que la mayoría de sus clientes reciben un "baño de energía sanador". El propósito es eliminar las emociones negativas y actitudes que fueron construidas durante la vida recién vivida. Mientras tanto, uno de los clientes de Cannon describe un "templo de sanación" donde "olas de energías de colores" son vertidas sobre el alma.

Virtualmente todos los sujetos confirman estas ideas estándar de sanación de energía de alguna forma u otra. El nivel de sanación depende de los retos de la vida y de la madurez del alma. Usualmente se refieren a que los procesos limpian las emociones negativas y a una expansión. Un ejemplo de ello es Laura Harper. Su sanación se da después de una muerte como un hombre anciano cuidando de un niño cuando navíos invaden su pueblo costero. Ella siente como si fuese "envuelta" en una bola de "energía arremolinada" con una "superficie como perla" que "disuelve todos los pensamientos innecesarios de tristeza". Ella tiene "ayudantes que suavizan o acarician la superficie de mi aura" para que "todas las partes de mi cuerpo se ondulen como líquido". Lene Haugland, quien fue encontrada previamente dividiéndose en millones de pequeños fragmentos, también acude a una sanación. Aún en un estado fragmentado ella describe un "torrente de luz" como un "baño de limpieza" que "limpia mis sentimientos de tristeza y soledad".

Un caso particularmente interesante es el de Nadine Castelle. Después de una vida como un doctor en E.E.U.U., se encuentra tendida sobre su cama, muriendo. Aún en sus cincuentas, ella sufre de un ataque extremo de tos bronquial. Esto puede ser claramente escuchado en la grabación de la sesión, la cual muestra cuan real e inmediata puede ser la memoria de regresión. Ella procede luego con su transición, y por la primera vez un sujeto se presenta discutiendo la idea de que, en algunas ocasiones, se pueden recolectar energías negativas de otros de las cuales se han de despojar:

[tosiendo]
Ve al punto de tu último aliento y dime qué ocurre.
Me he ido. Ya no quiero estar en mi cuerpo. Me voy hacia arriba.
¿Qué es lo siguiente que experimentas?
Una luz se hace más y más fuerte viniendo hacia mí. Me está envolviendo.

¿Cómo se siente?
Estoy teniendo problemas para deshacerme de la pesadez de mi cuerpo y sacudírmela. La luz brillando sobre mí es liberadora. Mi energía está siendo restaurada, está cambiando su configuración.
¿Has cambiado de configuración después de otras vidas?
Algunas veces.
¿De qué manera es diferente?
Me llevé conmigo mucha de la energía y enfermedad cuando fallecí; materia pesada. Ahora me he de despojar de ella porque no quiero llevarla conmigo. Son partículas energéticas de otras personas. Era susceptible a la energía de la gente en mi trabajo. Estoy en la luz de sanación y es como resonar con la luz.

Mientras tanto, Liam Thompson, quien se encontraba entrando en un vórtice negro después de su suicidio, provee un relato vívido de su sanación como sigue:

Seré re-energetizado.
Bien, simplemente describe lo que ocurre.
Es como un baño de energía, energía pura. Puedo sentir toda la energía negativa de mi vida previa yendo hacia un hoyo lejos de mí. Así que se está limpiando.
¿Cómo se ve este hoyo?
Es más como una sensación.
¿Una sensación de que te está dejando?
Sí. Será transmutada. No queda energía negativa. He hecho esto antes y ahora sé lo que estoy haciendo.
Oh, ¿Has hecho esto después de tus vidas previas?
Sí. Uno normalmente lo hace después de la mayoría de las vidas. Hay cierto residuo del que hay que encargarse. Nadie tiene una vida con un camino despejado y derecho.

Simplemente describe lo que experimentas y sientes.
Pura alegría y amor. Es como si estuviese en una taza vacía después de que la energía negativa se va y estoy llenándome con energía nueva. Es relajante y todo se está limpiando.

Magnus Bergen también proporciona un relato de sanación excelente. El regresa a la vida de un hombre italiano el cual va a prisión repetidamente por tratar de revelar la corrupción en el gobierno local. Durante su primer encarcelamiento, su esposa lo deja por otro hombre, llevando consigo a su hijo. Al momento de su muerte a una edad mayor está devastado, solo y deprimido. No estaba tan enfadado con sus atormentadores como lo estaba con las maneras deshonrosas del mundo. Después de su muerte no es encontrado por nadie, pero pronto se encuentra en alguna clase de sala de espera.

Es como si estuviera en un cuarto sin muros.
¿Qué estás haciendo?
Estoy pasando a través de él para llegar a otro sitio. Tengo aún la sensación de depresión.
Ve al punto en el cual dejas este cuarto y describe lo que ocurre.
Una puerta se abre en el fondo, hacia el pasillo, yendo hacia arriba, da vueltas y vueltas. No estoy caminando, solamente estoy siguiendo la figura.
¿Adónde te encuentras ahora?
Estoy en el lugar indicado. Hay otras formas de energía tratando de ayudarme a hacer que mejoren las cosas, a limpiarme y a trabajar con mis energías.
Dime más acerca de esta experiencia.
Se pone gradualmente mejor y mejor. Tengo esta sensación de que estas energías pesadas se marchan. Están limpiando la depresión y llevándosela.

¿Están cambiando las vibraciones de tu energía?
Sí, definitivamente, están haciéndose mucho más ligeras. Siento que me estoy haciendo uno de ellos porque ellos no tienen ninguna de estas energías pesadas.
¿Te comunicas con ellos?
No tenemos realmente nada que decirnos. No hay nada negativo, es suficiente el estar en su presencia.

Los siguientes tres sujetos proporcionan todos excelentes y confirmantes relatos del proceso de sanación, a pesar de tener mínimo o ningún conocimiento previo del entre-vidas. En su primera sesión, el guía espiritual de Verónica Perry y los ayudantes la encaminan hacia una "cámara de sanación" inmediatamente después de que sale del cuerpo:

¿Tienes algún diálogo con tu guía espiritual?
Está preguntándome sobre mi energía; si me siento aún pesada o si me comienzo a sentir más ligera ahora.
¿Qué te hace sentir pesada?
Tu energía tiene que ser muy pesada para estar en forma física. Para sostener esa forma y hasta que esa pesantez sea desprendida puede haber aún un poco de confusión y desorientación.
¿Adónde te diriges en este punto?
A una cámara de limpieza y sanación.
Simplemente descríbela.
Muy llena de amor y de energías puras. Es como una burbuja llena de amor.
¿Siempre vienes aquí después de otras vidas pasadas?
Siempre existe la necesidad de alguna clase de sanación, simplemente para ayudar a que se eleve la energía. Es un gran viaje.
¿Te encuentras sola?

Estoy con mis otros guías y ayudantes. Mi guía espiritual viene pero no está haciendo ninguna sanación de manera activa.
Describe cómo se siente mientras se te quita esa pesadumbre.
Es como ser liberada. Me siento como que puedo brillar ahora.
¿Se removió o añadió energía a ti?
Alguna de la densidad que quedó fue quitada y eso le permitió crecer a mi energía pura. A pesar de que decir que crece no es correcto, es como que hubiese estado contenida por la energía más densa que había venido conmigo, y ahora ha sido liberada. Es como poder estirarse.

Un punto interesante aquí es que tanto Liam y Verónica sugieren que todas las almas requieren de cierto nivel de sanación al entrar a los reinos de luz. Sin embargo, dada la amplia variedad de vidas y la madurez de las almas, siempre habrá excepciones. Más tarde en esta sesión, Verónica hace también algunos comentarios perspicaces sobre la diferencia entre la eliminación de emociones excesivas y la retención de las memorias asociadas:

Las memorias no se van con la limpieza. La limpieza solamente quita las energías pesadas o las más negativas. Negativas no es la palabra correcta, pero es la única que tengo. Mientras más energías negativas se tengan se te evita estar en tu forma de alma, por lo que han de ser levantadas. El aprendizaje y la energía permanecen en ti. Han de hacerlo.

Este es un principio importante a recordar; que las memorias de las emociones negativas llevadas de una vida son retenidas en los reinos de luz después de que la sanación se ha completado. Incluso con la energía densa eliminada, los problemas de estas emociones sin resolver necesitarán aún ser resueltas por el alma en una encarnación futura.

Capas de Liberación

La experiencia de sanación se lleva ahora más lejos de lo que otros pioneros del entre-vidas han explorado. Por primera vez nos encontramos con la idea de capas de liberación. Se quitan capas para así desprender la pesantez del reino terrenal. Este relato de sanación es de un sujeto con un conocimiento previo mínimo, Nicola Barnard:

Parece estar despejando o limpiándome. Se siente como que hay algún tipo de propiedad curativa de esta luz brillando sobre mí... Me gusta. Es una sensación linda, está brillando sobre todo mi cuerpo... Estoy cayendo en cuenta de que no soy físico... Hay mucho amor, realmente siento mucho amor... Es como una luz azul eléctrico brillando desde adentro, es impresionante... Siento que tengo que dejar ir ciertas cosas... Es como el dejar ir la adhesión al cuerpo físico. Es gracioso porque es como si fuera casi en capas. Ahora me siento como una luz. Tengo aún la sensación de mi mismo y hay una transición gradual fuera de esa sensación de cuerpo. Puedo aún percibirme como esa persona con vestido blanco con el pelo y todo, pero también hay una sensación de esta luz dorada-rosa, y esto soy yo también... hay diferentes energías entrando y se siente como si todas estas luces de diferentes colores son parte del proceso de sanación pero son seres, como yo. Ya no me siento tan acongojada. Tengo una sensación de que lo que estaba haciendo en esa vida era muy difícil... Aunque realmente tengo un fuerte sentido de tranquilidad y balance de ello; hay también alguna sensación de remordimiento por no haber sido capaz de salvar a la gente del sufrimiento pero es más ligero ahora, es definitivamente más ligero.

Es útil recordar que la sanación de Nicola Barnard tuvo lugar después de morir en un terremoto debajo de escombros. Cuando ella dice "hay una transición gradual fuera de ese sentido de cuerpo", parecería que está describiendo capas de liberación de la energía física densa de esa traumática muerte.

La segunda sesión entre-vidas de Verónica Perry proporciona una excelente descripción de capas de liberación. En contraste con el reporte de Nicola Barnard, ella lo describe como un viaje a través de distintas capas. Ella también se hace consciente de la presencia de sus guías espirituales, tanto el juguetón mencionado en el capítulo previo, y otro maestro:

Siento como si estuviese flotando. Flotando a través de todos estos colores y capas diferentes.
¿Sabes lo que son?
Siento que están de alguna forma preparándome, ayudándome a despojarme de diferentes aspectos de la vida que no puedo llevar conmigo. Siento como si estuviesen preparando cualquier residuo de mi parte física que llevo conmigo, cualquier vínculo con mi cuerpo. Es parte de un proceso de sanación, pero aparento estar sólo visitando cada capa y prosiguiendo muy rápidamente.
¿Estás haciendo esto por ti misma?
Siento que estoy siendo guiada.
¿Puedes ver quién te está guiando?
Tengo dos energías, una a la izquierda de mí y otra detrás de mí. No hablamos ni nos comunicamos en absoluto, pero me están guiando.
¿Qué está ocurriendo en cada una de estas capas?
He pasado ya por varias, pero estoy volteando hacia atrás, hacia la primera capa, y luce bastante densa. Aunque, cuando pasé a través de ella se sintió muy libre y ligera, es una capa muy física.

¿Se te agregó o quitó algo?
Esa fue una limpieza de cualquier adhesión física, cualquier residuo de energía física de la cual necesitara ser despojada.
¿Se eliminó alguna emoción de ti en ese punto?
Siento que no se quitó mucho. Había alguna clase de conexión con mis hermanas. Aunque ellas estaban facilitando la transición y mi proceso, también tuve que soltar mi conexión con ellas. Ellas no estaban aferrándose a mí, pero yo todavía me aferraba a ellas un poco.
¿Qué ocurrió en la segunda capa?
La segunda capa comienza a trabajar a un nivel más energético. No tanto los atributos físicos, sino más los valores emocionales y espirituales de esa vida. Siento que tenía un amor y conexión tan profundos con el mundo y la naturaleza, un poco de lo cual es en parte de mi alma, pero hay partes de esa conexión de las cuales debía ser despojada porque estaban más vinculadas con la parte física de esa vida. Siento que había tanta paz, entendimiento y aceptación en esa vida, que no parece haber ninguna carga emocional de la cual deba ser despojada. No había ninguna dolencia o enfermedad o dolor del cual debiera ser despojada. Siento que el ir a través de estas capas de curación y limpieza, la energía de mi alma está siendo reajustada de vuelta a un balance. Es más la vibración de mi cuerpo que necesita ser elevada y algunas partes limpiadas de por aquí y por allá. Es una transición entre la densidad de la energía que se necesita en la forma física, y la ligereza que se necesita aquí.
¿En qué nivel te encuentras?
Estoy casi al final de este proceso de sanación y volteando hacia atrás, hacia lo que se ha hecho. Estoy en un espacio muy, muy liviano. Mi guía está conmigo y casi siento como que estoy en un espacio de descanso.

Verónica luego describe con cierta profundidad cómo su guía espiritual y su maestro le asisten durante todo el proceso:

> Es como si tuviera dos personajes muy diferentes conmigo. Tengo uno al que siento conocer muy bien, que es un poco juguetón, y hay cierta emoción de estar juntos. El otro es mucho más callado y guía, como una silenciosa fuerza guiadora.
> *¿Qué rol juega éste?*
> Siento que es muy importante. Para mí, ella es una maestra.
> *¿Estaba tu maestra haciendo la sanación en las diferentes capas?*
> En algunas ocasiones simplemente estar en la energía de esa capa sería suficiente y cuando las cosas requerían ser ajustadas o liberadas, ella venía a ayudar. Ella simplemente sacaba cosas, descartaba que no eran ya necesarias. Podía sentir mi energía haciéndose unida, completa y pura. Cuando los pequeños cachos eran quitados, al energía de la capa en la que estaba crecía para llenar la brecha, y yo me sentía más y más entera. Es difícil ponerlo en palabras pero es como si mientras más era eliminado, más grande me hacía.

Ella concluye confirmando específicamente que la sanación requerida y las almas particulares que han venido a ayudar en el proceso dependen de la vida que se acaba de vivir:

> Hay diferentes experiencias al final de cada vida, dependiendo de lo que ocurrió en esa vida... Esta es más fácil porque he trascendido de un lugar pacífico, amoroso y sanador a otro. En vidas en las que ha habido un trauma, esta transición se hace mucho más difícil porque hay muchos residuos de energía pasando. Había trabajado para despojarme de mucha de la energía en esa vida, por lo que había menos que traer para

sanar. En vidas traumáticas, este es el primer sitio donde la sanación puede tener lugar, así que es mucho más difícil y los niveles lucen muy diferentes.

Cuando has tenido vidas pasadas con traumas, ¿Fue siempre el mismo maestro y guía espiritual que te asistieron con la sanación?
He tenido otros espíritus de luz ayudándome con diferentes cosas. Hay un grupo que supervisa tus decisiones, tus vidas y tu aprendizaje. Algunos son llevados a guiarte en diferentes experiencias, o tú eres llevado a ellos.

La impresión de este relato es que los maestros más experimentados, normalmente asociados con el repaso de la vida y la planeación, pueden también estar involucrados en el proceso inicial de sanación. Aunque esto es inusual, sugiere que la distinción entre guías espirituales, maestros y quizás sabios puede ser más fluida y menos definida a como los otros investigadores entre-vidas han sugerido. Dado su amplio rol para asistir nuestro desarrollo, esto no es de extrañar.

Es igualmente reveladora la información que David Stephens provee, quien regresó a la vida de un joven hombre Árabe, quien es asaltado por bandidos y le dejan morir. Es enterrado en la arena del desierto, el sol pegando fuerte y sus labios agrietados como papel lija. Él parece haber sido capaz de hacer la transición completamente solo:

Ve al punto en el cual tu corazón late por última vez y dime qué ocurre.
Siento frío y miro abajo. La arena sopla sobre mi cuerpo enterrado a medias y me quedo un momento hasta que la arena lo cubre. Una parte de mí se siente aún enojado por lo que ocurrió. Sé que debo llevarme un poco de ese enojo cuando me vaya.

¿Estás dejando atrás alguna parte de ese enojo?
Una parte de él se queda, pero necesito llevar un poco, ya que de lo contrario lo llevaré hasta mi vida siguiente. El cuerpo está enterrado ahora, y estoy listo para partir. Es como el amanecer. Me muevo como un cohete.
¿Puedes elegir cuánto enojo dejar atrás?
Sí.
¿Por cuánto te decidiste?
Alrededor de un cuarto. Ahora tengo el enojo pero él no me tiene a mí.
¿Sabes lo que pasará con la parte que dejas atrás?
Se quedará con la persona que me hizo daño. Fuimos asaltados. Había un grupo de nosotros, y ellos eran bandidos que nos dejaron morir.
¿A qué propósito servirá?
Tengo ganas de decir venganza, pero hay un propósito más profundo que eso. Es un recordatorio para él, una oportunidad para que aprenda y crezca, para darse cuenta de las consecuencias de sus acciones.
¿Es una decisión que has tomado solo?
Hemos decidido antes sobre esto. Él es un alma más joven y no es consciente de las consecuencias. Él tendrá una vida difícil ahora, no será fácil. Cada vez que lastime a alguien, esto le recordará.

Esta es una perspectiva fascinante, aquello que parece ser un alma relativamente experimentada puede tomar una decisión deliberada sobre el elemento de emoción a dejar en el reino físico y la cantidad a tomar a los reinos de luz. Ciertamente no es algo que haya sido previamente publicado en material entre-vidas. Encontraremos que forma de alguna manera una contraparte al proceso deliberado de elegir qué emociones traer de vuelta a la encarnación. Es interesante también que David reporta que el proceso entero fue pre-planeado.

Su transición continua, y de nuevo se encuentra él viajando rápidamente a través de capas de "piel" desprendida y "pesantez":

Es como el ser disparado de un cañón. Conforme vuelo a través de las diferentes capas es como mudar pieles. La pesantez se empieza a ir. Sostengo al enojo y al dolor como si meciera a un niño. Ah, ahora veo. Podría fácilmente haberlo dejado todo, pero luego habría formado un apego.
¿Cuál es la diferencia entre la parte que dejaste atrás y un apego?
La parte que dejé es un enojo reflexivo y sabio. La parte que me llevo es un enojo vengativo, la ira ciega, la desesperación. La tierra no necesita más de eso, y sé adonde tiene que ir. Hay una piscina que puedo crear.
¿Estás en este lugar?
Sí.
Por favor descríbelo.
Elegí que luciera como una alberca en una selva junto a una cascada, con peces en ella.
¿Has creado estas formas-pensamientos tú mismo?
Sí.
¿Qué haces en este lugar?
Nado a una isla en medio de este paquete de enojo y comienzo a trabajar con él para liberar, para suavizar y desenredar. Es como asear a un animal que tiene lodo encima, y su pelo se ha enredado.
¿Haces este trabajo por ti mismo?
Sí, es muy fácil. Me recuerda quién soy realmente.
¿Qué ocurrirá con la energía que estás eliminando?

Una vez que se haya limpiado y enderezado, la traeré de vuelta a mí mismo y lo usaré para agregar perspectiva a las memorias de esa vida.

Será rápidamente mas claro que, a nivel de alma, David es mucho más experimentado que la mayoría de los sujetos entre-vidas en tratar con el proceso de sanación. Esto es algo que él está perfectamente cómodo haciendo por sí mismo a pesar de haber tenido una muerte traumática:

¿Es esto algo que has hecho previamente en vidas pasadas?
Sí.
¿Es esto algo en lo que te has entrenado?
Sí. He trabajado con otros también.
¿Puedes decirme más sobre este trabajo?
Es alegre. Cuando aquel que causó mi muerte en esa vida termine, yo lo ayudaré. Es como, estoy buscando las palabras, es como limpiar, nutrir, liberar. Es incluso más alegre trabajar con otros que con mi propia energía.
¿Cómo funciona este proceso de limpiar energía?
Puedo ver las energías de la persona entera, y justo después de que mueren es como un nudo enredado. Es simplemente como una bola de cuerda anudada dentro de ellos, y juntos la sacamos y les ayudamos a que la desenreden. Hay algo muy íntimo al respecto. Necesita mucha confianza mutua y sensibilidad. Uno no puede simplemente sujetarlo y tirar de él, uno tiene que entender lo que los hilos son; cada uno es un sentimiento o un pensamiento. Todos los miedos, enojo y dolor. Es por eso que dejé un poco con él, para que pueda trabajar con ello cuando su vida termine.
¿Haces este trabajo con otras almas?

No es mi trabajo. No es lo que hago todo el tiempo, pero es algo que puedo hacer con aquellos con los que trabajo directamente.

¿Hay otras almas que se especializan en hacer este trabajo todo el tiempo?

Sí. No todo el tiempo. Tienen otras cosas también, pero trabajan muy intensamente con esto. Trabajan muchísimo con otras almas.

¿Hay un nombre para este trabajo?

Se llaman sanadores.

Así que ahora sabemos que David ha sido entrenado como sanador. Es fascinante que debió haber elegido trabajar con un alma menos experimentada con quien había pre-planeado que lo asesinaría. También deliberadamente dejó ciertas energías emocionales para asistir en su aprendizaje. Finalmente, después de la muerte de su asesino, él regresó para ayudar en su sanación.

Una observación general de estos relatos variados sobre las capas de liberación y sanación es la confirmación de que las almas personalizan la energía de sus alrededores que mejor les conviene. Algunos describen baños sanadores de energía que pueden ser en lugares semi-físicos tal como en un templo u hospital. Otros tienen experiencias muy únicas e individuales. Las descripciones, y por supuesto las experiencias en sí, varían de acuerdo a la experiencia del alma. Varía también con sus preferencias personales, el alcance del trauma en la última vida, y el alcance de la asistencia requerida de otros.

Verónica Perry y Liam Thomson indicaron en los extractos previos que todas las almas van por el proceso de curación hasta cierto punto. Es quizás seguro asumir que el mismo proceso básico de sanación funciona para todas las almas, pero la descripción de las capas de liberación es una descripción más completa del proceso. Las primeras energías en ser desentrañadas son las energías más pesadas, las energías físicas son descartadas, seguido por las emociones y otras energías para que el alma pueda operar de manera efectiva en su nuevo y más liviano entorno. Viéndolo de esta manera, se hace claro que las capas de liberación es el proceso esencial que produce el cambio requerido para cambiar del reino físico a la consciencia del alma en el reino de luz. Un alma simplemente no sería capaz de resonar con las vibraciones más altas de los reinos de luz sin ella.

Tratando el Trauma

Newton sugiere que el proceso de sanación es mucho más intenso para las almas que han tenido vidas más traumáticas. Él describe lo que parece ser una clase de centro de tratamiento de emergencia para almas severamente traumatizadas. Aquí son "reformadas" o incluso "remodeladas" vía transfusiones de energía del alma nueva y pura. También sugiere que en casos de almas con traumas menores, pueden aún requerir una considerable reorientación en la forma de una interrogación inicial sobre la vida pasada con su guía espiritual, adicionalmente a cualquier sanación de energía que pudiesen recibir. Uno de los sujetos de Cannon se refiere a un "lugar especial para almas dañadas para ir a descansar y a restablecerse".

Los sujetos lo corroboran completamente y se añaden a este punto de vista. Tenemos el testimonio de David Stephens de la última sección con respecto a las actividades del "desenredo de energía" de sanadores especialistas. También Verónica Perry continúa su segundo relato entre-vidas con una descripción a profundidad de cómo también ella ayudó en la interrogación de emergencia de un alma severamente traumatizada. Es significante que su conocimiento previo era solamente una primera sesión entre-vidas muy peculiar. Es tan revelador que la narrativa se ofrece en su totalidad:

Estoy viendo un alma que justo acaba de fallecer, y voy a ayudarle. Él acaba de dejar su cuerpo y está aún muy apegado al físico. Voy a ayudar a guiarlo a la luz, porque le es difícil. Está de hecho muy, muy molesto porque no quería partir. Así que voy y tomo su mano y trato de darle todo el amor que puedo, pero al hacerlo debo ser igualmente firme y dura con él. Le digo que ha fallecido y que necesita venir a la luz, donde encontrará todo lo que necesita. Necesito ser bastante firme, y eventualmente viene él hacia la luz. El primer nivel de sanación para el es muy, muy difícil. El verlo es casi traumático.

¿Cómo está siendo realizado?

Hay un grupo de nosotros, somos siete. Esta alma necesita mucha sanación. Lo tratamos casi como si estuviera en su forma física, porque él aún se ve a sí mismo en forma física y se siente muy físico. Ha traído tanto consigo que su energía es todavía muy sólida. Tenemos una mesa y en vez de que él sienta lo que está pasando por distintos niveles de energía, para él este nivel es un cuarto con una mesa.

¿Se han creado el cuarto y la mesa para él, o esto lo hace el mismo?

Es algo que creamos juntos con él. Parece que tanto él, como nosotros, siendo sus ayudantes y guías, sabemos justo lo que necesita. Ni siquiera necesitamos pensarlo.

¿Qué ocurre después?

Estamos todos parados alrededor suyo y le estamos dando sanación. Antes de que podamos ayudarlo a liberarse de cualquier energía residual y negatividad, necesitamos elevar sus energías un poco. Cuando uno está en la forma física se tiene un aura, y este cuerpo energético está firmemente empacado y condensado. Es tan pequeño que a pesar de que está ya en forma energéticamente, es aún casi sólido. Eso ha causado que le sea difícil liberarse de cualquier cosa. Así que hemos de tratar de elevar y suavizar sus energías para que podamos llegar a ello. Es como la diferencia entre tratar de cortar un pedazo de acero y tratar de cortar un pedazo de queso. Es difícil llegar a ello sin antes suavizarlo, por lo que le damos energía. Canalizamos energía para él, con lo cual puede comenzar a relajarse un poco y este proceso pueda comenzar. Ha tenido una vida muy difícil.

¿Qué clase de trauma ha tenido?

Fue abusado muy violentamente por un tío cuando era apenas un niño y se hizo vengativo, agresivo y violento como resultado. No sólo necesita lidiar con el abuso que sufrió él mismo, sino que también con el abuso que él infligió en otros – su propia agresión y violencia. Es muy traumático para él.

¿Y qué hacen?

Hemos logrado que sus energías se relajen un poco. Necesita mucho amor, lo cual creo es una de las razones por la cual estoy aquí. Siento que necesito canalizar mucho amor para él, y así lo hago. Eso es para ayudarle a llegar a un espacio en el cual pueda empezar a ver algunas cosas de las que ocurrieron en esa vida, y pueda comenzar a lidiar con algunos de los problemas.

¿Tiene él que re-experimentar algunos de esos aspectos de esa vida como parte de la sanación?

Sí, así es.

¿Cómo ocurre esto?

Al experimentar una vez más algunos de los eventos que ocurrieron. En este lugar de entendimiento más profundo es él capaz de dejar ir algunas de las cosas que sus energías habían estado sujetando muy fuertemente.

¿Obtiene más perspectiva aquí que cuando estaba en el reino de la tierra?

Sí. Es capaz de ver más del panorama completo de lo que está ocurriendo y de ver a las cosas no sólo desde su propia perspectiva, sino también de la perspectiva de otros que estuvieron con él en esa vida. Él obtiene un nivel de entendimiento de lo que tuvo lugar.

Cuando la gente en el reino de la tierra re-experimenta eventos, puede ser en extremo emocionalmente intenso. ¿Es lo mismo en los reinos de los espíritus?

Es muy diferente. Sería incorrecto decir que no hay una liberación emocional. Tiene que serlo, y esa es una de las cosas que buscamos conseguir en este proceso. Él necesita liberar las emociones, el enojo y el miedo, porque todas ellas son emociones densas que no son necesarias y solamente servirán para obstaculizar su energía del alma. A pesar de que existe la intensidad en la liberación, no se siente exactamente de la misma forma. En la forma humana, las emociones son todo cuando las liberas, están en cada parte de ti. En la forma del alma, lo que está sintiendo es una libertad preciosa conforme deja ir esas emociones intensas y densas. Es como si te contara sobre los pequeños pedazos de energía que estaban siendo liberados de mí, conforme me movía a través de los niveles, y la intensidad del sentimiento fue mi energía pudiendo expandirse a su forma adecuada. Para él es igual que esas emociones, esos sentimientos intensos son liberados. La intensidad de lo que él está sintiendo es su energía del alma en expansión; siendo capaz de expandirse.

¿Qué pasa con él después?

Después de cada capa de liberación tiene una gran sanación.

Simplemente repasa esas capas para mí.

La segunda capa es más como una limpieza apacible.

¿Cómo hacen eso?

De nuevo, hay aún siete de nosotros con él, pero ya no necesitamos del cuarto y la mesa. Aquí necesita él descansar en las energías limpiadoras que hay alrededor suyo, ayudándole a terminar con el trauma que experimentó en la primera capa.

¿Prosigue él a las siguientes capas?

Sí. Aunque ha liberado y limpiado apegos emocionales de eventos traumáticos, sus energías deben ser finamente ajustados. Ha estado aferrado a bastante.

¿Estás involucrada en este ajuste?

No. Sé que lo he estado en otras ocasiones, pero no en esta.

Cuando has estado involucrada, ¿Qué es lo que haces?

Veo muchos símbolos y diferentes colores de luz sanadora. Puedo ver a alguien parado debajo de esas energías sanadoras y están limpiando sobre de él. Al mismo tiempo donde hay brechas y espacios, le ayuda al alma a llenarlos.

¿Son estas energías de diferentes vibraciones en otros niveles?

Sí. Son energías de muy, muy altos niveles vibratorios. Uno se para lejos de ellas si no las necesita.

¿Es el moverse a través de estas capas como moverse de un lugar a otro en los reinos espirituales?

Sí. Es como moverse de la entrada del reino espiritual hacia el reino espiritual en sí, pero es sólo el inicio.

Este es claramente un relato enormemente importante por un número de razones. Apoya específicamente la sugestión de que la capa de liberación es el proceso fundamental involucrado en todas las transiciones. Confirma que hay una interacción entre los guías espirituales y las almas recién llegadas en la creación de una percepción apropiada de su entorno. En este ejemplo, el cuarto y la mesa fueron creados como la percepción del primer nivel de sanación por todos aquellos involucrados automáticamente y sin pensamiento o esfuerzo. Finalmente, apoya la idea de que la sanación puede involucrar un elemento de repaso de la vida pasada, especialmente con las almas más traumatizadas.

Descanso Especial

A pesar de que hay claramente una similitud general y una superposición entre las ideas del descanso y la sanación, parece que las almas más traumatizadas podrían también necesitar un periodo extra de descanso y recuperación. El ejemplo principal de esto es Liam Thompson, y aunque hemos visto que esta sanación inicial parece ser relativamente sencilla, su alma fue claramente traumatizada por su reciente suicidio. Como resultado reporta que se toma un tiempo fuera para un descanso especial, aunque en realidad lo retrasa hasta atender a otros varios procesos transicionales:

¿Qué haces después?
Descansar.
¿A dónde vas para hacer esto?
Un lugar donde la energía te rodea, como una cálida cobija.
¿Cuál es el propósito de este descanso?
Para completamente rejuvenecer. Algunas veces las personas se quedan aquí por largos periodos de tiempo, dependiendo en qué tan severa era su vida antes.
¿Está este descanso asociado con la severidad de tu vida pasada?
Sí. La re-energetización normalmente hace la mayor parte cuando uno acaba de volver.

Reintegración de la Energía del Alma

Se toman decisiones deliberadas sobre qué tanta energía del alma se trae a la encarnación cuando se regresa al reino físico. Esto permite que alguna energía se funda con el cuerpo físico y que la energía del alma restante continúe operando en los reinos espirituales. De modo que cuando se re-entra en la luz, hay una necesidad de reunirse con la energía del alma que se ha dejado atrás. Este aspecto es explorado realmente sólo por Newton. Él enfatiza que las almas pueden elegir el tiempo del proceso por sí mismos. En ocasiones lo hacen durante la sanación inicial y la fase de reorientación, pero más a menudo en el regreso a su grupo de almas.

De nuevo, los sujetos confirman esto. Katja Eisler regresó a una vida pasada de un campesino mexicano con más consideración con su burro que con la gente. Después de que le cayera un rayo, tiene varios repasos de la vida pasada y se encuentra con su grupo de almas antes de recibir sanación; ayudada por su guía espiritual Merlo:

¿Qué dice Merlo?
Me pregunta si quiero ir a una clase de cuarto de restauración.
Describe lo que ocurre cuando llegas allí.
Es un pequeño edificio de madera y está brillando. Voy hacia adentro y hay una regadera ahí. Está hecho de energía pero puedo ver la forma, se ve como si pudiera tocarlo pero está brillando.
¿Qué pasa después?
Tomo una clase de baño debajo de esta energía fluida. Me siento más ligera y hay un hormigueo en mis manos, pero hay aún dolor en mis brazos. Puedo ver las brillantes gotas de energía. Están lavando todos los viejos escombros.
¿Cómo te sientes?
Todo se mueve más rápido ahora. Me siento más fuerte y más completo que antes.
¿Te has conectado ya con tu energía del alma?
No. Estamos volando afuera. Veo parte de mi energía, es como una flama y se siente tan bien el verla.
¿Es esta la energía que dejaste atrás?

Sí. Con certeza sé que es mía.
¿Cómo sabes que es tuya?
Porque puedo sentir la conexión, una conexión invisible y es como una cuerda.
¿Cómo te reconectas con esta energía?
Estamos fundiéndonos. Me siento más fuerte, mucho más fuerte y con mayor confianza.

Después de su suicidio, Liam Thompson se reintegra sólo después de sanar y al final de su largo periodo de descanso:

> *¿Te has reunido con el resto de tu energía del alma, o está esto aún por venir?*
> Está ocurriendo ahora.
> *Simplemente describe cómo ocurre.*
> Mi guía, es como si estuviera sosteniendo un frasco, pero no es un frasco. Adentro hay como una luz y esa es mi energía. Siento mi energía pulsar. Él sabe adónde necesita ir. Es como un imán. Él abre la tapa y eso es todo. Reintegrada.
> *¿Y cómo se siente?*
> Fortalecedor. Muy fortalecedor. No tome suficiente energía cuando fui a la tierra. Hmm.

Aunque tiene una sanación inicial, como ha sido descrito previamente, Lene Haugland también se va a visitar varias bibliotecas antes de decidir reintegrarse, describiéndolo como el estar dentro de "una bola de intensa energía girando con pequeños fragmentos de luz atravesándome". También explícitamente confirma que fue su decisión el tener la reintegración hasta este punto y no hacerlo antes de visitar la biblioteca. Mientras tanto, en su primera sesión, Verónica Perry confirma el alcance de la elección del tiempo:

> *¿Te has reunido ya con la otra parte de tu energía del alma?*

Sí, me reuní ya con ella como parte de la sanación y limpieza, pero en ocasiones previas lo he hecho en etapas distintas.
¿Qué ha pasado en estas ocasiones previas?
En estas ocasiones he tenido que ser limpiada y luego sanada, posteriormente reunida. Esta fue una vida bastante pura, por lo que todo pudo hacerse de una vez. Las energías que traje de vuelta conmigo no eran demasiado pesadas o causaban demasiada interferencia.
¿Qué se siente el ser limpiada y reunida con tu energía del alma?
Me siento muy liviana y completa. Es bueno estar de vuelta.

A pesar de estos reportes aparentes de tiempos variables, es muy claro que la reintegración del alma es una extensión más de todo el proceso de sanación, aligeramiento y capa de liberación. La razón para la demora ocasional en la reunión con la energía central del alma es ofrecida por uno de los sujetos de Newton. Él reporta que algunas veces ellos prefieren enfocarse en la vida recién vivida por un rato, especialmente durante repasos, antes de permitir a su perspectiva completa del alma entrar en juego.

3

REPASANDO VIDAS PASADAS

Si buscas la verdad fuera de ti
se alejará más y más.
Hoy, caminando solo,
lo encuentro en cada lugar donde piso.
Sólo cuando lo entiendas de este modo
te fundirás con la manera en que las cosas son.
Tung-Shan, Maestro Zen chino, Siglo IX.

Prácticamente todos los enfoques religiosos tradicionales contienen cierta idea de que el alma es juzgada después de la muerte. Los antiguos egipcios estaban obsesionados en asegurarse de que obtuviesen una sentencia favorable cuando llegaran al "Salón de juicio de Osiris" y su corazón fuera "pesado en la balanza". Esto aseguraría la inmortalidad de su alma porque una sentencia adversa implicaría su destrucción. Por supuesto la elite de su sociedad gastaba sumas considerables en inscripciones sobre los muros de sus tumbas y sus sarcófagos que contuviesen todos los hechizos que necesitarían para pasar el examen final.

Al menos en el antiguo Egipto tenían un sentido de cómo llevar las cosas a una conclusión, con almas indignas destruidas. Contrastantemente, en su contraparte en Mesopotámica creían que aquellos que obtuviesen una sentencia adversa de los dioses que "dictaban su destino", estaban destinados a seguir su existencia en el "inframundo", una clase de estado de limbo gris. Incluso peor, para cuando su influencia se filtró al Judaísmo y a la Iglesia Católica, encontramos que las almas indignas son condenadas a un tormento perpetuo. Pareciera que la motivación primaria de este desarrollo no era una nueva perspectiva espiritual, en cambio el deseo de mantener a las masas no educadas bajo control. Después de todo, ¿qué podría ser más efectivo que el amenazarlos con una condena y tormento eternos si se desviaban de la línea?

Así que, ¿cuál es la realidad de la situación como es sugerido por la evidencia entre-vidas? La respuesta de todos los pioneros y de los sujetos en este libro es que no somos juzgados. La vida pasada es repasada, a menudo con la ayuda de otras almas para asistir. Simplemente ofrecen comodidad, perspectiva y clarificación.

Perspectiva del Alma

El capítulo anterior subrayó cómo todo el proceso de transición y el proceso de sanación están íntimamente conectados con la vida apenas vivida y las emociones que se generaron. Algunas almas pueden necesitar una interrogación de emergencia que involucra un elemento de repaso de la vida pasada. Así que el alma traumatizada asignada a Verónica Perry necesitaba "ayuda para llevarlo a un espacio en donde pudiera comenzar a ver algunas de las cosas que pasaron en esa vida y también comenzar a lidiar con algunos de los problemas". Está conectado el que la idea de que su alma fue repentinamente capaz de experimentar sus acciones desde una perspectiva más amplia y alejada: "Es capaz de ver las cosas no sólo desde su perspectiva, sino también de la perspectiva de otros que estaban con él en esa vida".

Whitton reporta que "cualquier sufrimiento emocional que haya sido infligido en otros se siente tan claramente como si fuera infligido en uno mismo". Newton proporciona un caso de Unthor, quien en este repaso está "mentalmente colocado de vuelta en el cuerpo de un pequeño niño a quien él hizo *bullying* en un patio escolar en su vida pasada", y se permitió sentir el mismo dolor que él causó.

El concepto de literalmente experimentarlo desde la perspectiva de la otra persona es corroborado en algunos reportes de experiencias cercanas a la muerte, que pueden contener elementos de repaso de vida. Así que la perspectiva del alma que este capítulo cubre es el repaso de la vida pasada sobre como nuestras acciones y pensamientos afectan no sólo a nosotros mismos, sino a los otros también. Esto es un repaso a profundidad que tiene más perspectiva que cualquier cosa que normalmente logramos conscientemente mientras estamos vivos.

Reflexiones Solitarias

Algunas almas parecen entender la naturaleza real de sus errores después de la muerte. Aunque esto puede introducir nuevas tensiones, en la mayoría de los casos éstas parecen tener una corta duración porque los guías espirituales están pronto ahí para ayudar a poner todo en la perspectiva apropiada.

David Stephens parece ser suficientemente experimentado para hacerlo él mismo. También soluciona los problemas emocionales de su vida como un hombre árabe, a quien se le dejó morir en el desierto, en el proceso inicial de sanación que condujo él mismo. Lo mismo parece ser cierto para Lene Haugland después de su vida como una mujer nativa americana muriendo por su vejez. Nicola Barnard, quien muere violentamente en un terremoto, reporta sentirse bastante serena sobre su muerte después de su sanación, por lo que parece que el proceso de sanación puede ser suficiente para algunas almas sin la necesidad de realizar un repaso de vida detallado en este punto.

La sugestión de que nosotros somos nuestros propios y más duros críticos viene de la experiencia de Lisbet Halvorsen. Ella regresa a una vida como un esclavo comerciante operando en el Mediterráneo central, quien muere a los 60 años en su cabina, por algún problema pulmonar relacionado con el fumar. Ella experimenta un inmediato y profundo lamento sobre su vida por tal vacío y materialismo:

> Inmediatamente me lamento por esta patética vida... Me quiero ir pronto... Me siento tan avergonzada... Esa fue una vida terrible... Estoy sola ahora, solamente sintiendo el shock de cuán sencillo fue el vivir una vida vacía. Lo fácil que fue simplemente vivir con mis instintos y estar totalmente aislada. Lo fácil que fue el estar auto-satisfecha. Y sentía que no hacía nada mal en ese momento, y ahora hay una luz frente a mí y pienso "¿cómo fue posible el estar tan aislada del amor y no ser crítica sobre mí en absoluto?" Pienso que bastantes personas que conozco en esta vida estaban conmigo, y yo era su líder, guiándolos a ser tan estúpidos. Fui manipuladora con mis palabras, y todos creíamos que simplemente hacíamos lo que teníamos que hacer.

En un giro inusual de los acontecimientos, ella piensa después que está teniendo un repaso de vida con su guía espiritual pero éste termina siendo un alma gemela. También encontramos que su arrepentimiento se convierte en irritación cuando recuerda que previamente había acordado el transitar esa vida como parte de alguna clase de experimento:

> Mi repaso de vida se va bastante rápido... Estoy hablando ahora con mi maestro, esta persona mayor, alguien en quien confío y que me comprende. Él dice - ¿Y cómo crees que estuvo? -Yo le digo – No creí que fuera posible el bajar y tener

una vida sin recordar las cosas importantes. – Y él dice – ¡Ves qué fácil es olvidar!... -En realidad estoy un poco molesta porque siento como que hubiese sido engañada. Es como que hubiese habido una apuesta y yo me sentía muy sabia. De hecho él no es mi maestro, él es sólo un amigo. Estaba él diciendo – Crees que eres tan sabia, si las condiciones son de tal o cual forma, entonces es posible llevar una vida tan vacía. – Yo acepté el reto y lo comprobé, y ahora estoy enojada... No estuve centrada, no estuve en conexión con mis sentimientos. Simplemente fui con mi intelecto.. Fue tan vacío y estoy molesta de que tuve esa vida. Él se ríe de mí, sin ser rudo, simplemente dice -¿Ya ves?

La experiencia de Lisbet nos proporciona un recordatorio importante sobre cuán fácil es para nosotros el ignorar nuestro lado intuitivo y espiritual, cuando estamos inmersos en la vida diaria del reino físico. De cualquier modo, lo que le salva, es que su personalidad intuitiva previa reconoce a un esclavo al que salvo y con quien se casó. Aparentemente este elemento principal positivo de esa vida fue planeado con antelación:

La única vez que conecté fue cuando salvé a esa mujer. Esa fue la única cosa que se suponía debía yo hacer, y lo hice.

Podremos recordar la vida de Magnus Bergen en Italia, quien es encarcelado injustamente por las cosas que dice. Él conduce su entrevista de vida completamente solo, aunque, a diferencia de Lisbet, esto ocurre solamente hasta después de que ha sido curado y reunido con su grupo de almas. Él ofrece una perspectiva muy inspiradora, puesto que no guarda ningún enojo hacia sus perseguidores. Esto es a pesar de pagar un enorme y trágico precio por permanecer como un hombre de principios y experimentando tristeza extrema y depresión en su lecho de muerte. También parece que la frustración que tenía con el mundo humano, al momento de su muerte fue traducido en una perspectiva de alma a la que se refiere con aún más desapego:

> Estoy feliz de que ha terminado. Veo cuánta tristeza había en mi vida... Lo mejor fue que perseguí y creí el estar en lo correcto, y mantuve la fe trabajando para una buena causa. Veo que fui fuerte al no darme por vencido o sentirme intimidado... Pero la desventaja fue simplemente cómo fue el ser un ser humano en ese lugar. Cómo fue el experimentar todas esas emociones duras de separación de mi hijo y esposa. Del ser encerrado en la cárcel, y toda la tristeza en mis últimos años después de que no había nada más por lo cual vivir y mi trabajo estaba hecho.

Repasos con el Guía Espiritual

Las reflexiones solitarias del tipo que acabamos de discutir parecen ser relativamente inusuales. La mayoría de los sujetos se encontraban repasando la vida pasada con su guía espiritual. Estas son almas evolucionadas que habrán estado involucradas en el plan de vida del sujeto y lo supervisan desde los reinos de luz.

    Algunas veces estos repasos ocurren después de la sanación y algunas veces después de que han sido reunidos con su grupo de almas. Conforme iremos descubriendo con el resto de las experiencias entre-vidas, hay una fluidez en el orden de los eventos, más que ellos siempre ocurran en una secuencia específica.

    Verónica Perry, quien tenía un conocimiento previo mínimo, proporciona una excelente descripción del repaso con su guía, Hathwar. No es un proceso tardado o complejo porque ella acaba de dejar una vida simple y con pocas complicaciones. No obstante, ella proporciona excelentes descripciones de los diferentes métodos de repaso disponibles. Ella percibe su entorno como un "gran domo lleno de cristales brillando":

Vamos a hablar sobre esa vida.
¿Este repaso comienza al inicio de la vida o al final?
Estamos, digamos, viéndola desde el inicio.
¿Cómo la están viendo?
Hemos elegido verla en una gran pantalla.
¿Qué otras opciones habrías tenido?
Podría haber elegido el verla telepáticamente, y podríamos haber elegido revivirla y detenernos en momentos pertinentes.
¿Qué te hizo decidir verla en una pantalla?
Lo encuentro más relajante.
¿Has elegido alguna vez revivirla?
Sí.
¿Cuál fue la razón para ello?
En esa ocasión, los aspectos físicos y emocionales de la vida que acababa de vivir fueron muy importantes para el crecimiento de mi alma. Hubieron algunas lecciones muy grandes para ser aprendidas de esa vida, y necesitaba integrarlas propiamente en mi sistema energético.
OK, simplemente dime, ¿qué pasa en tu repaso de esta vida?
La estamos viendo en la pantalla. Va muy, muy rápido. Mi guía espiritual está preguntando si esta fue una buena y tranquila vida.
¿Qué le respondes?
Sí. Estoy muy agradecida de haber tenido esta vida. Fue casi como unas vacaciones.
¿Cuál fue el propósito de esta vida?
Fue sobre el reconectar con la naturaleza, la paz y el amor que es posible experimentar en forma física. Fue también sobre el

ser capaz de ser un canal puro y consciente para que las energías de más alta vibración puedan pasar.
Sólo resume brevemente lo que te pasó.
Nací en una buena familia. Mi madre era una Wiccaniana y me mostró "los caminos", y yo los pasé a mi hija e hijo. Mi esposo era un buen hombre. Estaba rodeada de gente amorosa, y disfruté de la vida diaria. Disfrutaba de mis relaciones y disfrutaba a mi familia. Era una vida simple y no muy opulenta, o una vida llena de riquezas y glamour, pero era una vida libre de trauma y dolor.
¿Hay alguna discusión con tu guía espiritual sobre la tristeza de dejar gente atrás al final de esa vida?
No siento eso ahora. La tristeza era sólo porque los amaba mucho. Me hubiera gustado verlos crecer y ver sus vidas cambiar y a ellos convirtiéndose en las personas que estaban destinadas a ser. Sé que puedo ver eso desde aquí.

Esto nos proporciona un recordatorio importante a todos nosotros, que las cosas simples en la vida son, por mucho, más satisfactorias que la riqueza y el poder material. La actitud propia de Verónica hacia los amigos y la familia que ella ha dejado atrás es tan ejemplar como su actitud de dejarla ir con su bendición en su muerte. Corroboración de los tres métodos de repaso de Verónica – pantalla, telepatía con su guía, o re-experimentar los eventos – la provee Nadine Castelle:

> Se supone que he de ir y repasar esa vida... Mi guía Anrian vendrá conmigo... Es un cuarto con mesas, mucha gente está sentada y las mesas son largas... Es algo como un cuarto cóncavo con anillos de luz haciendo un cerco... Lo puedes ver como cualquier cosa que lo quieras ver. Yo lo veo como energía... Hay otras formas de energía aprendiendo sobre sus propias vidas pasadas por repaso... Estoy personalmente

haciendo el mío... Es para ver si estoy satisfecha... Puedo verla de cualquier forma en la cual quiera tomarlo. Puedo tanto repasar cómo fue mi vida, o sentir cómo fue, o energéticamente conectar con esa vida para ver si fue congruente con las intenciones que tenía... Mi guía está conmigo para asegurarse de que esté en el espacio correcto, y para ayudarme en caso de que necesite ayuda. Sé que hay algo que debí haber hecho que no concordaba con mis intenciones originales.

Es probablemente razonable asumir que "repasar la vida como era" es el equivalente a la pantalla de Verónica. "Sentir la vida" es equivalente al repaso telepático, y "energéticamente conectar con la vida" es equivalente a completamente re-experimentar la misma. Nadine continua revelando cómo no cumplió por completo con su propio plan en esa vida como doctora:

Fui capaz de reparar las configuraciones energéticas de los cuerpos de las personas cuando estaban enfermos... No tenía permitido decir lo que estaba haciendo. En esa forma humana realmente uno no lo sabe, simplemente lo siente. Estaba haciéndolo pero carecía de información y eso no iba de acuerdo a mis intenciones... Mis intenciones eran el completamente realizar mis habilidades. En ocasiones la energía negativa de una herida se quedó en mí y yo no sabía cómo limpiarla.

Aquí se refiere ella de nuevo a las adhesiones de energía de sus pacientes a quienes tenía que proporcionar una transición. No obstante, no es su inhabilidad para evitar éstas en esa vida lo que parece preocuparle ahora. Es el no haber sido capaz de utilizar completamente el conocimiento de su alma sobre cómo la curación energética funciona realmente. Ella concluye su repaso con algunos indicios para su trabajo futuro en tanto los reinos de luz, como en los físicos:

> Necesito seguir trabajando en el futuro con la consciencia de los campos energéticos y cómo afectan la materia física... No había consciencia entonces, y es por eso que estaba confundida.

La Biblioteca de los Libros de Vidas

En el extracto previo, Nadine confirmaba ya específicamente que las almas pueden elegir el percibir su entorno para el repaso de vida en cualquier forma que les acomode mejor. Esto aplica también a todos los eventos en los reinos de luz. Un escenario favorecido por un número de sujetos es una biblioteca.

Un buen ejemplo de esto viene de Marta Petersen, quien regresó a una vida pasada como una joven niña judía en Varsovia durante la Segunda Guerra Mundial. Su repaso con su guía Fallon comienza con una descripción de un escenario; una biblioteca:

> Tengo que ir a mi hogar de estudio para encontrarme con mi guía.
> *Sólo describe cómo es.*
> Está muy aislado, pero no tengo que ir muy lejos si necesito algo. Se ve como una vieja biblioteca de Grecia con grandes pilares afuera. Es blanca y hay unas grandes escaleras que llevan arriba a la entrada principal. Parece que tiene un techo, pero cuando uno está dentro, se puede ver hacia arriba.
> *Describe el encuentro con tu guía.*
> Me encuentro con el adentro. Tiene una toga blanca grande puesta, como si escondiese su energía. Esto es para mí, lo sé.

¿Cómo se llama tu guía?
[Pausa] Algo con una "m". [Pausa] No puede ser pronunciado... Su sobrenombre es Fallon.
OK, dime qué ocurre en este repaso.
Vamos abajo hacia otro pasillo y vamos a sentarnos en el jardín, debajo del árbol, porque aquí es donde amo sentarme.

Una característica regular de la descripción del escenario de repaso en la biblioteca es que contienen "libros de vidas". Marta ahora va hacia el suyo, revelando que pueden tomar vida, semejante a mini-pantallas de cine:

Vuelvo a la sala de estudio y hay un libro esperando por mí. Tiene mi nombre escrito.
¿Y de qué trata?
Contiene mis vidas anteriores.
¿Y cómo le haces para leer este libro?
Mi nombre está escrito al revés. Lo leo de la derecha a la izquierda.
¿Por qué es eso?
No estoy segura, simplemente así es como lo leemos.
¿Cómo funciona el libro?
Cuando lo abro es como pequeñas películas, y acabo de concentrarme en lo que quiero ver y luego aparece ante mí.

Conforme continúa, encontramos que su razón para consultar su libro de vidas es que quiere examinar ciertos hilos que se han conectado en muchas de sus vidas pasadas, y también sus implicaciones para la siguiente:

Me preocupo por el hecho de que he trabajado sola en la mayoría de mis vidas.
¿Esto ha sido un problema, o algo que disfrutas?

Usualmente lo disfruto, pero se hace un poco solitario y creo que es tiempo para trabajar con más cercanía a los otros, porque somos más poderosos cuando trabajamos juntos.
¿Has ya terminado con el libro?
Sí.
¿Hay algo más que te venga a la mente?
La siguiente vida que tendré será más complicada, y no será como la que acabo de tener, donde yo estaba ahí para otra persona.
¿Y sabes sobre las áreas en las que quieres trabajar?
Quiero hacer algo creativo con lo que pueda llegar a la mayoría de la gente, por lo que pienso en la pintura, pero mi experiencia con ello no es tan grande como con la música.
¿Así que podrías llegar a mucha gente con tu música?
He intentado esto antes. Esto es lo que mejor hago.

Liz Kendry proporciona un relato más bien deprimente de su repaso en la biblioteca con su guía, Inka. Encontramos ahora que a pesar de su longevidad en su vida previa, se dio por vencida después de la muerte de su amado esposo:

Estoy en una enorme biblioteca con muchos, muchos libros.
¿Quién está en este lugar contigo, o están solamente tú e Inka?
Hay otras personas rondando, pero él me lleva a una mesa y es ahí donde nos sentamos.
¿Cómo está sucediendo este repaso?
Se me muestra uno de los libros. Es como un pequeño video dentro del libro que reproduce ciertas escenas.
Bien, simplemente cuéntame las escenas que se reproducen y las discusiones que tienes con Inka.

Repasando Vidas Pasadas

Es la escena que conduce hasta mi muerte. Me di por vencida en mi vida, me di por vencida en el aprendizaje. Él me pregunta cómo podrían haber sido diferentes las cosas.
¿Y qué le dices?
Pude haber sido más activa, más extrovertida. Pude haber evitado sentir lástima por mí. Tuve la opción de vivir más en el presente, pero en ese momento veía más hacia el futuro y la muerte. Trae la tristeza de vuelta. Luego se voltea. Hubieron algunas oportunidades que tuve después de la muerte de mi esposo que no tomé. Pude haber escuchado el consejo de ciertas personas. Pude haber tomado un camino diferente y que me podría haber ayudado a no estar tan triste en mis últimos años.
¿Qué te detuvo de reconocer estos consejos?
Estaba muy envuelta en duelo por perder a mi esposo. Simplemente quería creer que sólo tenía que esperar hasta que me reuniera con él. No quería creer que tenía aún una vida que vivir.
¿Te ofrece algún consejo en este punto tu guía espiritual?
Dice que fue una emoción muy normal el sentirme como me sentía, pero opina que lo llevé muy lejos.
¿Y qué piensas, a un nivel de alma?
Estoy de acuerdo.
¿Hay alguna otra escena que repases en este libro?
Vemos algunos momentos más alegres cuando nuestros hijos eran pequeños, y cómo los dos pusimos mucho empeño en educarlos y en intentar inculcarles valores de autoestima y confianza.
¿Y qué dice Inka al respecto?
Me elogia por el trabajo que hice con los niños, y cómo esto les ayudó a tener un buen comienzo en sus vidas. Me está mostrando otras escenas en las que lo hice con otras personas. Esa es una de mis habilidades, dice él.

Al final de su repaso, se le recuerda a Liz también un pequeño incidente. Esto nos proporciona a todos un importante recordatorio de que estamos todos conectados como parte de la Fuente Última:

> Dice que pude haber sido más amable con cierta persona que simplemente me disgustaba, y no había una razón real para ello. Me está mostrando cómo todos estamos conectados.

Este es también uno de los pocos casos en el cual un sujeto tiene un repaso tanto con su guía como con sus sabios. Volveremos para saber más sobre la situación de Liz en breve.

El caso final de repaso de vida viene de Liam Thompson, quien lo experimenta en dos partes. La primera comienza temprano, durante la transición y antes de la sanación. Cubre su suicidio en su última vida y ello hace de este un caso sumamente interesante, porque un número de pioneros concuerdan en que este parece ser el acto al que se ve desfavorablemente, incluso en los reinos de luz. Él reporta inmediatamente después de dejar su cuerpo que se encuentra con su guía espiritual, quien está "moviendo su cabeza a manera de disgusto". Su preocupación parece estar aún más justificada cuando ahora encontramos que esta es parte de un patrón repetitivo que ha continuado hasta su vida actual:

> Necesito ir y discutir lo ocurrido. De nuevo. Siempre hago esto.
> *¿Sabes quién estará en la junta?*
> Mi guía espiritual. Está parado con sus brazos cruzados, moviendo la cabeza. Soy como el pequeño pupilo y él es el maestro. Tiene una larga barba y una vestimenta blanca y

larga. Está lleno de amor y calor, pero al mismo tiempo es estricto. El ha sido mi guía ya por un número de vidas.
¿Te habla telepáticamente?
Sí. Bueno, es más que telepatía, son sentimientos también, es todo. Puedo ver dentro de su mente y él puede ver dentro de la mía. Excepto que él puede esconder ciertas cosas de mí. Yo estoy aún aprendiendo cómo hacer eso.
Dime qué ocurre en este repaso.
Me está preguntando por qué siempre tomo la salida fácil. Tengo un problema para encarar los problemas.
¿Qué dices?
No me enojo, pero él tiene que entender que yo necesito una vida más fácil ahora. Estoy harto de vivir todas estas tan difíciles.
¿Te da algún consejo?
Me dice que necesito dejar de pensar tanto sobre las cosas. Necesito simplemente aprender a vivir, en vez de ser tan introvertido. Necesito experimentar el mundo a mi alrededor, en vez de sólo experimentar el mundo dentro de mí. Soy mi propio peor enemigo. Cualquier cosa que siento dentro de mí, la proyecto al mundo a mi alrededor. La mayoría de las situaciones no son tan malas como parecen, pero aparentemente las hago ver más difíciles.
¿Te dice algo más tu guía en este punto?
Sabe que necesito tener un descanso por un rato.
¿Y qué hay del que te suicidaras, tiene algo que decir al respecto?
En el último par de vidas he hecho exactamente lo mismo, así que no quiere que lo vuelva a repetir.
¿Te proyecta información sobre esas vidas ahora, para ayudarte a entender los patrones?
Sí, y está proyectando amor también.

Pídele que repase esas dos vidas previas en las cuales terminaste suicidándote.
[Se susurra a sí mismo] Ya no lo puedo decir, porque estoy en la misma situación ahora en esta vida (actual) también. Necesito aprender por mí mismo.

El suicidio es aparentemente una de las peores situaciones que podemos enfrentar en los reinos de luz, a menos que se relacione con una enfermedad seria. Sin embargo, este relato es apenas un juicio serio desde lo alto. A pesar de su franqueza, el guía espiritual de Liam es amoroso y afectuoso, y también ansioso por ayudar. También es interesante que su recuerdo de algunos de los detalles de esta discusión original está bloqueado porque está encarando la misma situación en su vida actual.

El segundo elemento del repaso de Liam es una sesión más formal que viene después de su sanación y su reunión inicial con su grupo de almas, durante la cual también mira en su libro de vidas. En este entre-vidas le llama "salas de aprendizaje" en vez de biblioteca. Aquí se hace aún más claro que su guía está bloqueando información importante de su mente consciente:

Estoy en las salas, aprendiendo, estudiando, viendo los libros de vidas. Estoy con mi guía y necesito discutir las cosas con mayor detalle.
Simplemente mira a tu alrededor, y dime cómo luce este lugar.
Es griego, con pilares de mármol. Es vasto, es gigantesco! Y brilla.
¿Qué haces en este lugar?
Estoy sentado en una mesa. Mi guía esta viendo hacia mí. Estamos repasando los eventos que me llevaron a ser autodestructor en mi última vida, y conectándola con vidas pasadas también.
¿Me puedes dar más detalles?

No puedo. Como lo dije antes, es porque estoy en la misma situación en esta vida. Tengo que trabajar las cosas por mí mismo.
OK, ¿Y qué ocurre después?
Se que trabajamos una solución en ese entonces. Siempre hay una solución, pero por ahora no sé cuál es.

En punto clave aquí es que Liam y su guía obviamente trataron de encontrar una solución a su problema de suicidio durante su último entre-vidas, a pesar de que al revisitarlo no le sea permitido el saber exactamente cuál fue la solución. Esto tiene sentido porque los sujetos hablan sobre sus vidas en términos de aprendizaje. Como veremos, se hacen planes durante el entre-vidas para maximizarlo. Estos planes no son recordados conscientemente mientras estamos encarnados, porque el hacerlo reduciría masivamente el potencial de aprendizaje. Es sólo al atacar varias situaciones en nuestra vida con completo libre albedrío, que podremos hacer estas experiencias útiles.

Repasos con los Sabios

La mayoría de los pioneros reportan que en algún punto en el entre-vidas sus clientes se encuentran con grupos de espíritus que han evolucionado más allá de la necesidad de encarnar. Los nombres que usan son los "Consejeros" o "Sabios". Los sujetos a los que se refirieron a estos nombres, pero también les llamaron los "Superiores" o "Maestros de Luz". No hay un nombre consistente usado en el entre-vidas, así que por conveniencia se les llama a todos "sabios" en la narrativa. Los sabios son consistentemente descritos como amables y amorosos, no se sientan juiciosos.

Sólo dos de los sujetos no mencionan a los sabios en absoluto, tanto en el contexto del repaso, como en la planeación. Para aquellos que tienen un repaso de vida pasada con los sabios, el guía espiritual está presente, aunque a menudo son relativamente inactivos como observadores. Su presencia es entendible porque el guía habrá estado involucrado con la planeación previa para esa vida. Sin embargo, se ha de recordar que esta fue una muestra de 15. Generalmente, las almas más experimentadas necesitan menos apoyo del guía que las más jóvenes. Efectivamente, algunas almas experimentadas no necesitan la presencia de su guía en absoluto. Como se esperaría, estas reuniones se perciben en entornos en cualquier forma que el alma elija.

Wendy Simpson, uno de los sujetos con ningún conocimiento previo del entre-vidas, describe su reunión con los sabios. Recordaremos su vida pasada como el viejo hombre en el desierto con la experiencia de un túnel después de su muerte. Este repaso es inusual en que ella se encuentra con ellos inmediatamente después de su transición, incluso antes de que hubiese recibido cualquier sanación:

Es como si fuera guiada. Hay una clase de aprendizaje que he de hacer. Estoy en la presencia de tres seres de luz.
¿Tienes un nombre para ellos?
Tengo la sensación de que son "maestros de luz".
¿Qué se te comunica?
Se sienten muy amorosos. Es como que están mostrándome las lecciones y experiencias de lo que fue mi vida.
¿Y cuáles fueron éstas?
Dificultades y el no entender a la gente, la manera en la que traté a la gente con la cual entré en contacto. Necesito ser más comprensiva y amorosa.

Se le pregunta si esto es parte de alguna clase de patrón, y sus sabios revelan que ha tenido varias vidas pasadas trabajando en el mismo tema de cómo ella trata a otras personas:

La primera parece ser una mujer pobre, de nuevo, creo que está en un área desértica, y ella es bastante gorda. Me da la sensación de que es avariciosa y protectora. Hay dos niños con ella. Ella ha tenido que luchar por todo y es muy pobre.
¿Qué relación tiene esa vida?
Creo que es la manera en la cual ella trata a la gente. Se siente un poco agresiva.
¿Qué hay de la vida siguiente?
Es una parte diferente del mundo. Es también una mujer grande, con un paño obscuro sobre su cabeza, hecho de lana. Hay muchos niños a su alrededor y puedo oírla gritar mucho. Ella es buena con los niños, pero se mantiene con su familia y no frecuenta mucho a otras personas.
¿Cómo se relaciona eso con el tema que has estado trabajando?
Hay una buena parte de agresividad en ella, y es un poco materialista hacia su familia. Es también la forma en la que ella se comunica, y de nuevo cómo trata a otros. Es demasiado fría y distante.

Seguro recordaremos que el problema de Jack Hammond durante su vida como un soldado en la Segunda Guerra Mundial, el cual fue inicialmente revelado por su fiesta de bienvenida jugándole una broma al estar todos encapuchados, tenía algo que ver con su ego. Cuando se encuentra con sus sabios encontramos que él también tiene un problema repetitivo con cómo trata a otros. Esto ha ocurrido en vidas pasadas y el deberá estar trabajando en ello en esta vida también:

Hay tres personas detrás de un escritorio y me siento frente a ellos. Me siento bien. Es serio, pero sé que no hay severidad. Es como si tuviera que relatar algo, pero no como lo experimenté en la tierra. Esto es benigno. Supongo que estan repasando mi vida... Siento que hubo cosas que pude haber hecho en esa vida, a pesar de que fue corta. Hubo oportunidades, y nunca las tomé... Para ser más generoso conmigo mismo, más amoroso, una persona más amable. Siento que, aún buscando una mejor palabra, hay desaprobación porque sí tuve oportunidades e hice lo que había hecho antes en otras vidas. Desaprobar es quizás una palabra demasiado fuerte... Es como un golpe doble. Cuando ayudé a mi amigo en la hora de su muerte, mostré el darse uno mismo, que debí haber hecho con las oportunidades antes de ello. Creo que fui todo un *hermitaño*, una persona muy solitaria en mis veinti-tantos años. Debía estar aprendiendo a ser más generoso, pero eso no ocurrió hasta el final... En esta vida necesito continuar aprendiendo a amar, a no ser tan huraño, a dar. Es como que si quisiera este contacto, esta cercanía, la tuviese que dar primero. Es como si esperara recibir sin haber tenido que darlo a cambio.

En contraste, Liz Kendry se encuentra con sus sabios inmediatamente después de su repaso preparatorio con su guía, el cual fue tratado previamente. Su guía espiritual Inka la acompaña, pero en vez de ser un observador, él le ayuda a comunicarse sobre la vida pasada con los sabios. Los sabios le recuerdan que no es la primera vez que se da por vencida ante la vida después de la muerte de su esposo:

He de ir a ver a los sabios. Inka guía el camino y les dará un resumen.
Antes de que comiences con ello, sólo describe el lugar en el cual te encuentras.
Es como un cuarto circular, con un techo en domo y muros blancos. Hay una clase de cruz elevada sobre en el suelo, la

cual parece estar hecha de mármol. De hecho es un pequeño escalón que va a través de todo el cuarto.
¿A cuántos espíritus de luz puedes ver?
Seis... Se han sentado. Parece haber un enfoque sólo en uno, el resto no hablará.
Esta bien describe a ese.
Tiene pelo blanco, una barba blanca, una vestimenta blanca. Ojos azules brillantes y una nariz como redonda. Tiene un rostro muy amable y está tratando de hacerme sentir en calma. Estoy preocupada porque más o menos en la última década de mi vida simplemente no estaba viviendo, estaba desperdiciando mi vida y ha pasado antes.
¿Cuántas veces ha pasado esto antes?
Tres.
¿Es el mismo tipo de situación en la cual has tenido apego a un ser amado?
Sí, siempre ha sido mi esposo; se muere, y luego siento que ya no hay vida que vivir después.
¿Qué te dice el espíritu de luz a ti?
Dice que van a darme más ayuda la siguiente ocasión. Permitirán que lo sepa a través de otras personas o mi propia consciencia, que no morimos cuando nuestros cuerpos mueren, así que no sentiré esa pérdida como lo he hecho en vidas pasadas.

Probablemente el repaso más detallado y revelador de sabios proviene de Laura Harper. Ella está con su guía Iscanara, y comienza con algunos detalles interesantes de la atmósfera:

Describe adónde vas con Iscanara.
Ella me lleva a ver al consejo de sabios. Estamos acercándonos a un templo redondo hecho de piedra amarilla dorada, con una puerta.

¿Entraste a este templo?
Sí, y hay un corredor muy largo y angosto, el cual se abre hacia este gran cuarto redondo.
Dime lo que puedes ver.
Tiene un techo abovedado que parece como si estuviera hecho de una concha delgada y translúcida. Puedo ver a tres sabios. Están vestidos con capas aterciopeladas del más profundo azul-púrpura, con adornos de oro.
¿Está Iscanara contigo?
Retrocedió. Está detrás de mí.
¿Te aborda alguna de estas figuras?
Ellos [ríe] se ven de hecho como si hubieran ido a una fiesta, se ven, um, un poco cómicos.
Simplemente describe las expresiones faciales de aquel que sobresalga.
El que está en medio tiene estos increíbles ojos sonrientes. Han casi desaparecido en su sonrisa.
Dime lo que ocurre.
Se siente como si este cuarto estuviera vivo con risas. Se me dice que me "disfrute la risa". Creo que se espera que entre y que sea una clase de lugar sagrado exaltado. Pero está lleno de risas y travesuras y una clase de astucia dorada. Es alegría. Es gracia, la misma materia de la existencia. Es ser. Es amar. Es amor, en realidad.

Aquí se le pregunta por qué están eligiendo mostrarle tal atmósfera tan alegre:

Porque me tomo a mí misma muy en serio. Estoy incluso tratando de tomarme en serio aquí… La sensación que obtengo es que es muy honorable el ser diligente y serio, pero no necesario. Es necesario ser ligero. El ser un ser ligero, trabajando con luz. El tomarme a mí misma con ligereza. Tienen un mensaje para mí sobre el odio también. Dicen que es una carga de luz intensa, con la interpretación equivocada. Al etiquetarle como odio, se convierte en un arma, como una espada, de doble filo. Me dicen que me expanda para que mi ser pueda experimentarlo como alegría.

Esta discusión de transformar las emociones negativas en alegría es quizás algo que todos podemos considerar. Ella continúa con los sabios en el entorno de la biblioteca, donde se le ayuda a ver la causa de su odio en el contexto de un número de vidas pasadas:

Bajan este volumen. Una imagen que estoy viendo de momento es una clase de falange, como centuriones marchando. Son hombres guerreros marchantes con cascos ajustados de metal, y lo que estoy viendo es sólo el estar en el suelo, bajo los pies, sin piedad. Como mujeres sin defensas, estamos simplemente siendo pasadas por encima por esta máquina movilizada de hombres guerreros... Hay niños también. Están también por los suelos. Mi corazón podría experimentarlo como amor y dolor por mis niños y todos los otros, ¿sabes? El reducirlo a odio me ata a ello. Si te quedas rígido, como una punta afilada, entonces el odio es la punta y es un arma. Si permaneces suelto y te expandes, el corazón está lidiando con las caras del amor... Se me está mostrando que el luchar en respuesta no tiene propósito. Permanece como una navaja que quiere sangre... Creo que se siente como si el mensaje fuera el simplemente expandirse, en el medio, en mi corazón, simplemente abrirme. Abrir. Abrir. Abrir. Es casi como un soplido que sólo pasa a través de ti. Abrir. Permanece abierto y es entonces un toque de alegría.

Laura había indicado antes de la sesión que quería entender más sobre un problema en su vida actual. Son pensamientos preocupantes del ser atacada y sentimientos de miedo y vergüenza al hablar en pequeños grupos:

> Sí, dicen que es lo mismo, pero que es una memoria de vida diferente la que involucra el miedo y la vergüenza de ser apedreada a morir. Esto es esencialmente lo mismo que las botas de los soldados que nos aplastaron debajo de sus pies. Es lo mismo el encontrarse con una fuerza pura, sin resistencia y atacante... Así que todo es sobre el rendirse, sobre el soltar, la resistencia. Lo que están en realidad mostrándome es que incluso el más brutal ataque puede ser experimentado como una caricia de amor. Cada cuchillo, cada bala, cada arma, cada bomba. Que es mi ego que quiere entrometerse con el viaje de otra alma al tomarlo como un ataque. Mi propio camino del alma es sobre aprender, rendirme y vaciar. Cada arma que parezca dañar es el camino del perpetrador, y es el yo querer entrometerme en el camino de esa otra persona, lo que lo convierte en un daño y en una herida. Si me quiero entrometer en el viaje de esa otra persona, entonces voy a recibirlo como "me has hecho mal".

Continuando esto, se le pregunta a ella si la vida pasada que acaba de experimentar antes del entre-vidas, como un hombre viejo observando su pueblo ser destruido, está también relacionada a todo esto de alguna manera:

> Sí lo está, porque pude haberme entrometido en vez de rendirme en ese momento. Puede parecer muy pasivo, como rajarse. Si me hubiera entrometido en los asuntos de la gente, porque mi fuerza se había ido, hubiera causado un lío. De hecho, cuando la gente subía la colina y permanecía brevemente bajo mis alas, éramos capaces de recibir algo como una quietud y un rendimiento. Es amor en realidad, es

amor lo que les habría fortalecido frente a cualquier cosa que ocurriera después. Así que es lo mismo de alguna manera. Puedo sentir que me he inflado en el pasado y me sentía como "Cómo se atreve alguien a lanzarme un gancho izquierdo desde afuera. Cómo se atreven. Debo probarles lo malos que son", pero es entrometido.

Esta profunda sesión concluye con algún consejo de otro de los sabios de Laura, a quien ella percibe como una mujer:

Ella dice "sé suave". Cuando te rindes y te haces vacío, te conviertes en un conductor de luz mucho más claro. Si estamos siempre más vacíos podemos conducir un cambio mayor, sin ningún impedimento. Me muestran que incluso una bola de cañón puede atravesar mi pecho y no dañarme en absoluto si permanezco ligera. Si toma mi fuerza de vida, tengo la oportunidad de reformar y volver en otro tiempo y espacio.

En resumen, mientras que las almas más experimentadas podrán repasar la vida pasada sin ser ayudados, es más frecuente que involucre la presencia del guía espiritual o de los sabios. Su papel es el de asistir en el entendimiento de la vida pasada. Como Nadine Castelle comentó, "Mi guía está conmigo... para ayudarme si necesito ayuda, pero yo sé si hay algo que debí haber hecho que no correspondía a mis intenciones originales". Frecuentemente podremos ser nuestro propio peor crítico y necesitamos que se nos recuerden los logros, como Liz Kendry expone, "Me está elogiando por el trabajo que hice... mostrándome otras escenas... esa es una de mis habilidades, dice él". Cualquier área no alcanzada establece las bases para el plan de la siguiente vida, como Jack Hammond concluyó rápidamente,

"Yo debía aprender a no ser tan huraño pero eso no ocurrió hasta el final... Necesito continuar aprendiendo".

El conocimiento de la vida pasada y su repaso trae un entendimiento de los temas y lecciones para la mente consciente de una persona. Frecuentemente estos son aspectos que no son completamente comprendidos en la vida actual. Cuando se acepta e integra, trae un prospecto mayor de sanación y crecimiento espiritual.

4

GRUPOS DE ALMAS

Sé una buena hogaza y señor de la mesa.
Ven y sé servido a tus hermanos.
Has sido una fuente de dolor,
ahora tú serás el deleite.
Jelaluddin Rumi, místico Sufista, Siglo XIII.

La idea de que todos tenemos almas gemelas y compartimos una conexión especial con ellos a lo largo de muchas vidas ha recibido ampliamente especial atención en las décadas recientes. Los pioneros entre-vidas universalmente reconocen esto, particularmente que todas las almas parecen pertenecer a un grupo unido y cerrado grupo de almas. Virtualmente todos los sujetos confirmaron esto, con sólo uno, quien no describió la experiencia. Esto por supuesto no significa que el sujeto no tenía un grupo de almas. Puede simplemente no haber habido actividad con el grupo de almas en ese entre-vidas, o que la experiencia no fue de gran importancia.

La distribución del número de almas en el grupo reportadas por los sujetos se resume en la siguiente tabla:

Núm de Almas	Núm. de Sujetos	
1 a 5	2	15%
6 a 10	5	38%
11 a 15	4	31%
16 a 20	1	8%
21 a 30	1	8%

Para maximizar el beneficio terapéutico de un entre-vidas, normalmente se le pregunta a los clientes a qué miembros del grupo de almas reconocen en la vida pasada y también en su vida actual. Esto también se aplicó a los sujetos que los reconocieron con o sin incitación. En ocasiones se extendió hasta preguntar sobre almas gemelas con las cuales no se habían encontrado en su vida actual pero lo harían en el futuro. Algunas veces esta información fue abierta, pero algunas veces fue bloqueada. El enterarse de demasiada información a un nivel consciente podría afectar el libre albedrío del sujeto.

Las almas gemelas reconocidas por los sujetos eran parientes como abuelos, padres, hermanos o hijos. En otras ocasiones fueron reconocidos como amigos y otros conocidos. Sus roles y relaciones con el sujeto cambiarían de una vida a la siguiente. Algunas veces estaban ahí para ofrecer apoyo y ayuda y en otras ocasiones tomaban el rol de perpetradores para traer algún aprendizaje. Las inclusiones u omisiones de la composición del grupo de almas fue frecuentemente una sorpresa para el sujeto. Por ejemplo, parejas de larga duración o cónyuges no siempre eran almas gemelas cercanas.

Un aspecto específico de la actividad del grupo de almas involucra una planeación conjunta para la siguiente vida y será cubierto después. Aquí el enfoque es en la naturaleza más general y actividades de los grupos de almas y las interacciones de sus miembros.

Almas Gemelas

La reunión con las almas gemelas ocurre usualmente después de la sanación, y tanto antes como después de algún tipo de repaso de vida. De cualquier modo, hemos ya visto que Jack Hammond se encontró con sus seis almas gemelas en transición, y después de su repaso con los sabios vuelve a este grupo para aprender más sobre el que sea huraño y la broma que le jugaron. Esta vez él reconoce a gente de su vida pasada como un joven soldado:

> Quiero irme, estar solo y simplemente contemplar, pero me apuran, y siento que Garth tiene algo que ver con esto, con ir y estar con gente. No el ser esta persona solitaria y huraña. Ah, ya veo, para ir de vuelta a ver a los otros. De eso es de lo que todo esto se trata, de eso se trata su broma. Ellos parecían ser misteriosos y huraños. Todos están teniendo una buena risa por mí, tratando de enseñarme esta lección... Es como si dijeran "¿ves, lo entiendes?" y "Ven con nosotros, ven y sé dadivoso". Estoy teniendo mi turno también. Estoy señalando a mi madre y padre que ellos pudieron haber ayudado, que pudieron haber sido más dadivosos. Lo mismo va para uno o dos de los otros también... Parece ser algo de importancia en este grupo. Tenemos un gran trabajo encima, que tiene que ver con el abrirse y dar, y no simplemente esperarlo. Aprender a simplemente soltar, y sucederá. De una manera u otra, todos tenemos problemas con eso, con la posible excepción de mi abuela. Ella parece ser un ser tan amoroso y benigno. Casi como si fuera la matriarca diciendo "vamos niños, todos rodaremos con esto", como si fuera ya una graduada. Cuando digo que se ríen de mí y me río de ellos, no hay pista de malicia ni nada. Es como que puedes sacar este pensamiento o sacar esas palabras y es tanto dado como aceptado con amor. Es como "Sí, sí, esta bien."

Esta última observación de Jack es importante. En ocasiones, cuando las almas se reúnen con su grupo, hay problemas difíciles de la vida más reciente que han de ser compartidos y discutidos. Lo que es claro es que la honestidad total siempre va acompañada por amor ilimitado, justo como con el repaso del guía o de los sabios. No existe una sensación real de dureza o criticismo, y ciertamente tampoco de juicio. Hemos visto que Lisbet Halvorsen estaba menos que feliz sobre la vida que acababa de tener como una traficante de esclavos, y ella también deja claro este punto:

> Reconozco a mi grupo de almas, nos entendemos los unos a los otros. Usualmente cuando venimos de vuelta es alegre y ligero, pero esta vez se siente serio por la vida que acabo de vivir. Pero están de todas maneras dándome la bienvenida con amor y compasión.

La mayoría de las almas reportan que reunirse con su grupo de almas es nada menos que gozo puro, y que se toman cada esfuerzo para darle la bienvenida de vuelta al alma que partió. De hecho, Nadine Castelle menciona específicamente durante las últimas etapas de su experiencia entre-vidas que ella tiene que regresar a su grupo porque están "haciendo una celebración para alguien que acaba de volver". A pesar de su mínimo conocimiento previo, Verónica Perry en su primera sesión proporciona un relato no incitado de su alegría por estar reunida con sus 20 almas gemelas. De éstas ella reconoce a 15 de su vida actual:

> Voy a ver a mi grupo... Estoy tan contenta de verlos a todos. Estamos todos muy alegres de vernos... Hay tanta felicidad y amor y se siente como que hay diversión y risas y alegría y amor. Es incontenible... Hay muchas bromas. Todos estamos saludándonos los unos a los otros y simplemente sabemos lo que el otro está pensando... Es como si estuviéramos poniéndonos al corriente con lo que todos están haciendo y sólo toma una fracción de segundo recibir todos esos pensamientos e imágenes.

En el mismo tema, mientras Liz Kendry se encuentra deleitada por estar reunida con sus seis almas gemelas, ella se encuentra particularmente aliviada al estar reunida con su esposo quien había muerto antes que ella en su vida pasada.

Siento su amor, su calor y energía abrazando los míos. Todos están felices de verme... Es muy reconfortante. Me doy cuenta que no he soltado a mi esposo, es como que estamos tomados de las manos todo el tiempo... Simplemente no quiero soltarlo.

De hecho esta misma alma ha desempeñado el rol de su esposo en cada una de las vidas en las que ella ha enfrentado el problema de darse por vencida después de la muerte de él. Este ejemplo poco común de dos almas adoptando la misma relación a lo largo de un número de vidas es probablemente lo más cerca que podemos llegar a la idea de que tenemos un alma gemela extra-especial, quizás incluso literalmente un "alma-gemela". Tan tentador como puede sonar esta idea, solamente parece ocurrir cuando hay un problema repetitivo a trabajar. Las almas más experimentadas tienden a trabajar con todo su grupo de almas y en ocasiones miembros de otros grupos.

Después de su reunión inicial, Liz va a un repaso de vida pasada antes de reunirse con su grupo de almas. En este punto reporta que "hablamos sobre nuestra última vida, y comparamos notas en quién hizo qué y cómo podríamos haberlo mejorado". Cuando Lisbet Halvorsen vuelve a su grupo de almas luego en la su sesión, describe cómo ellos "discuten cosas importantes, lo que hemos hecho y lo que haremos, hacemos planes", mientras Katja Eisler nos informa que su grupo "comparte información sobre dificultades en las vidas físicas". Así que está claro que esta clase de discusión forma la base principal de la interacción del grupo de almas después del gozo puro y emoción de la reunión inicial se han calmado.

Magnus Bergen es otro sujeto con ningún conocimiento previo quien se encuentra con su grupo y levanta un interesante nuevo aspecto, aquel de los miembros del grupo que están ausentes:

> Es como que me encuentro con algunas personas que conocía desde antes, un grupo de almas.
> *¿Cuántos son?*
> Tendré que pedirles que se formen [pausa mientras los cuenta]. Trece o quince, pero no todos están aquí.
> *¿Cómo sabes que faltan?*
> Simplemente lo sé.
> *¿Cómo se siente estar con ellos?*
> Me siento bastante en casa aquí. Tienen sonrisas en sus rostros. Es bueno estar aquí, sin que nada se espere de ti, y nada malo.

El relato de Liam Thompson de encontrarse con los otros siete miembros de su grupo de almas es excelente y proporciona más detalles sobre los amigos ausentes:

> Voy a encontrarme con mi grupo.
> *¿A cuántos puedes contar?*
> Siete.
> *¿Y cómo se están mostrando para ti?*
> Como energía.
> *Echa un vistazo a sus colores y dime cómo son.*
> Son como blanco con azul. Todos están delante de mí.
> *¿Cómo se siente?*
> Como volver a casa. Alegre de estar de vuelta. Todos nos acercamos y es como un abrazo de energía todo alrededor.

Todos están muy contentos de verme y yo estoy muy contento de verlos a todos. Solamente hay uno que está aún viviendo. *¿No es parte de este abrazo?* No. Solamente dejo una pequeña cantidad de energía, y ésta es muy leve. No puedes realmente hacer nada con eso.

Para entender esta situación de las almas que están encarnadas, Newton sugiere que en los reinos de luz estas almas tienden a ser percibidas por sus allegados como relativamente durmientes. Aquí Liam introduce el importante punto de que este es el caso sólo cuando se han llevado el grueso de su energía consigo. Aquellos que dejan atrás una porción significativa en los reinos de luz pueden permanecer bastante activos. Esto permite a los sujetos el reconocer regularmente e interactuar con las almas gemelas que están aún encarnadas en esta vida durante la sesión entre-vidas.

Repásalos uno por uno y dime si ves a alguno que reconozcas.
Hay uno al que reconozco, dos a los que reconozco.
Dime sus nombres.
Jamie y mi mamá en esta vida están aquí también. Ella es normalmente mi mamá. Ella es muy maternal y amorosa.
¿Hay alguien más a quien reconozcas?
Rose. Hmm.
¿Está Rose en encarnación de momento?
Sí.
¿Ella es capaz de comunicarse contigo sobre cualquier trabajo que harán juntos?
No. No nos hemos visto.

Se da cuenta que uno de ellos es Rose, la chica de la que se enamoró en Irlanda en su vida pasada. Ella se negó a huir con él y esto contribuyó a que él se suicidara. Cuando se pregunta si ella puede revelar algo sobre un posible rol en su vida actual, de nuevo sus bloqueos parecen entrar en juego cuando responde "no, no nos hemos visto". En contraste, cuando Lene Haugland se encuentra con su grupo de almas en el siguiente capítulo, se le da una pequeña cantidad de información sobre gente con la que aún tiene que encontrarse en esta vida. Todos ellos estarán aparentemente en otras partes del mundo.

Experiencia del Alma

Liam continúa describiendo la habilidad de tacto que sus almas gemelas muestran hacia su problema repetitivo de quitarse la vida:

> Me están fastidiando. Todos son muy ligeros con el hecho de que lo hice de nuevo. Dicen que se está haciendo repetitivo, pero al mismo tiempo sus burlas son también serias. Ellos saben que necesito alcanzarlos y ellos no quieren que me quede atrás.
> *Si no los alcanzas, ¿Qué significará eso?*
> Tendré que irme a otro grupo.
> *¿Qué aspecto estás trabajando actualmente?*
> Estoy trabajando en mí. Mi autoestima, mi confianza en mi mismo. Necesito darme cuenta de que soy la persona más importante en mi vida. Necesito obtener un poco de auto-amor.

El reporte de Liam de que podría "quedarse atrás" de los otros miembros de su grupo levanta un punto importante sobre el nivel de experiencia del alma. Los miembros de cualquier grupo de almas tienden a estar en un nivel similar. Se entiende que diferentes grupos estarán en varios niveles basados en factores tales como el número de vidas que han tenido. Porque todas las almas aprenderán lecciones específicas más rápido o más lento que otros, habrá un punto en el que un alma tenga que dejar un grupo para irse a otro.

El tipo de vida encarnada que vive una persona no es ninguna indicación de su nivel de desarrollo. Algunas veces las almas más experimentadas pueden escoger las vidas más aparentemente difíciles y empobrecidas deliberadamente. Newton identificó el color de la energía del alma para destacar un sistema de clasificación desde almas "principiantes" a "avanzadas". Describió un grisáceo para almas más jóvenes hasta un rango de colores incluyendo amarillo, naranja y verdes a morados para las más desarrolladas. Este conocimiento puede ser usado para identificar a los miembros del grupo de almas en un entre-vidas porque tendrán colores de energía similares. Liam confirma esto cuando se encuentra con su grupo de almas y todos ellos tienen los colores de energía "blanco con azul".

Preguntar el color del alma para establecer el avance del alma no es algo que yo o muchos otros terapeutas entre-vidas seamos particularmente entusiastas en enfatizar. Esto es porque puede introducir un elitismo espiritual de los clientes. Puede también representar un poco de sobre-simplificación. Por ejemplo Magnus Bergen, con ningún conocimiento previo entre-vidas, hace una observación interesante cuando reporta que los colores predominantemente amarillos y verdes que percibe en su centro durante la sanación representan "las experiencias que tengo conmigo". Luego, cuando se preguntó por qué el color ha cambiado cuando está con su grupo de almas, responde: "No es mi alma la que es azul, es sólo la forma que tenemos todos cuando estoy junto con estas otras almas". Parece que al menos en algunas ocasiones estos colores pueden representar emociones y estados mentales que pueden cambiar dependiendo de las circunstancias, en vez de siempre el nivel de desarrollo.

Dinámicas Grupales

Los grupos de almas tienden a tener un tema en el cual todos los miembros están trabajando juntos. Por ejemplo, hemos visto que el grupo de Jack Hammond tiene un "gran trabajo que tiene que ver con el abrirse y el dar" y esto parece ser a lo que se puede referir como una lección emocional. Por otro lado, el tema puede también ser el desarrollo de una habilidad especial, tal como la sanación. Cualquiera que sea el tema, parece que los grupos de almas son periódicamente disueltos cuando la mayoría de sus miembros están listos para seguir adelante hacia otras áreas.

Se le preguntó a algunos de los sujetos que proporcionaran información sobre el número de vidas que han tenido con su grupo de almas actual. Típicamente esto va desde muy pocas, porque el grupo era relativamente nuevo, hasta tantas como casi cien. A pesar de su carencia de conocimiento previo, Magnus Bergen proporciona de nuevo una respuesta intrigante: "Estoy obteniendo diecisiete, pero no estoy seguro de cómo describir las vidas porque no siempre son reencarnaciones. Hacemos otro trabajo también". Magnus parece estarse refiriendo a la opción que algunas almas tienen de desarrollarse en los reinos espirituales en vez de a través de una encarnación física. Generalmente este es un proceso más lento porque en la forma física las emociones pueden ser totalmente experimentadas y éstas juegan un rol importante en el desarrollo del alma.

Marta Petersen proporciona algunos detalles interesantes sobre el cambio de grupos de almas. Vimos en el capítulo previo que en su última vida como una pequeña niña en la Segunda Guerra Mundial en Varsovia, ella estaba asistiendo a su madre "armonizando su energía". Nos reunimos con ella conforme discute el tema con su grupo de almas:

Es sobre armonizar energía.
¿Cuántas vidas has estado con este grupo?
Ochenta y cuatro.
¿Han sido todas estas vidas sobre armonizar?
Sí. Claro, he tenido lecciones adicionales también. Estaba en un grupo diferente antes de este.
¿Cuál era el tema de ese grupo?
También algo que ver con energía, trabajé mucho con misticismo.
¿Cómo supiste que era hora de dejar ese grupo?
Todos nos separamos y teníamos que especializarnos en otra cosa.
¿Esta fue tu elección?
Fue nuestra elección, sentimos que era hora y fuimos en direcciones diferentes.

Otra área interesante de las dinámicas grupales es el alcance en el cual las almas trabajan con miembros de otros grupos de almas. Dado el tamaño de incluso los grupos de almas más grandes relativo al número de personas que conocemos en vida, no es de extrañar que algunas veces hacemos planes detallados para una interacción encarnada con otros de fuera de nuestro grupo inmediato. Veremos después que un número de nuestros sujetos reportó hacer exactamente esto, con Lisbet Halvorsen en particular discutiendo con cierto detalle la idea de interacciones de planeación más amplias. Ella también reporta que ninguno de su grupo de almas inmediato de cuatro estaban con ella tanto en su vida pasada como en la actual, y que, en cambio, la gente que reconoce viene de un grupo de almas más amplio para el cual ella actúa como una maestra. Hasta cierto punto todo esto confirma la sugestión de Newton de grupos de almas más grandes, secundarios, que trabajan juntos menos cercana o frecuentemente. De cualquier forma, a pesar de la exposición previa que algunos de ellos tenían con su trabajo, ninguno de nuestros sujetos menciona explícitamente una agrupación secundaria bien definida, y esto sugiere que hay probablemente un alto grado de fluidez en este proceso.

El trabajo con almas de otros grupos no está limitado a encarnar juntos. Nadine Castelle proporciona un ejemplo interesante de cómo las almas pueden compartir su conocimiento más ampliamente mientras están en los reinos de luz:

> Estoy con otros dos de otro grupo de almas. Estamos relacionando el uno con el otro lo que nos gustaría hacer después, porque todos tenemos los mismos objetivos, y simplemente queremos compartir nuestro conocimiento… Uno de ellos tiene la opción de irse hacia la profesión médica en su próxima vida, y les digo sobre mi experiencia, y ellos están simplemente absorbiendo la información en energía que traje conmigo para que se puedan preparar mejor para lo que necesitan hacer. El otro está compartiendo lo que estarán haciendo en su próxima vida, su elección en alguna clase de arte estructural, teniendo que ver con formas de energía en el arte y la sensación de calor y resonancia de materias particulares.

Guías Espirituales

Hemos ya obtenido una impresión razonable de la naturaleza de los guías espirituales, pero vale la pena considerar algunos aspectos adicionales. Primero, cuatro de los sujetos no describieron encontrarse con ninguna clase de figura guía. Esto no significa necesariamente que no tienen una, sino simplemente que ese aspecto de su experiencia entre-vidas no tuvo gran importancia para ellos, o que no hubo tal encuentro. Segundo, los guías espirituales en los reinos de luz pueden mostrarse a sí en su forma de energía normal o en forma humana. Los once sujetos que se encontraron con su guía espiritual los percibieron con alguna forma humana, con ocho percibiendo una forma masculina y tres una femenina.

Otro aspecto es la relación entre grupos pequeños y guías espirituales. Newton es la única persona que discute este aspecto con bastante profundidad. Él sugiere que los miembros de cualquier grupo de almas dado comparten el mismo guía. Mientras existe información insuficiente con los sujetos para confirmar esto, algunas veces he encontrado que esto no es siempre el caso. De cualquier modo, la pregunta intrigante es: ¿Qué ocurre cuando un alma cambia de grupo de almas? Marta Petersen continúa con su reporte sobre el cambio de su grupo de almas previo a uno nuevo siendo ofrecido a ella:

> Estaba en un grupo diferente antes de este. Todos nos separamos y nos tuvimos que especializar en otra cosa.
> *¿Esta fue su elección?*
> Sí, sentimos que era hora de que fuéramos en direcciones diferentes.
> *¿Conservas al mismo guía espiritual?*
> No, he tenido un guía diferente en ese tiempo.
> *¿Cómo eliges a tu guía espiritual?*
> Tenía diferentes opciones en grupos distintos pero sentí que este grupo y este guía me acomodan muy bien.
> *¿Así que el guía y el grupo van juntos?*
> No, pero este grupo y este guía especial fueron me fueron presentados como una opción combinada.

Una complejidad surgiendo de la investigación es la posibilidad de que especialmente las almas más experimentadas puedan tener más de un guía, justo como podrán trabajar con más de un grupo.

La primera sesión de Verónica Perry parece tenerla encontrándose con múltiples guías y ayudantes.

Puedo ver siete hermosas luces viniendo hacia mí... Es mi guía espiritual que viene a recogerme... He tenido otros espíritus de luz ayudándome con diferentes cosas. Hay un grupo que supervisa tus decisiones, tus vidas y tu aprendizaje; y algunos son atraídos a guiarte en diferentes experiencias, o tú eres atraído a ellos.

Su sanación es asistida por dos "muy diferentes personajes", uno siendo un guía "juguetón" y el otro más bien una figura remota que ella describe como un "maestro". Ella también da un indicio de que puede aproximarse a otros guías de ser necesario. Pareciera que la designación de guías espirituales puede ser más fluida que lo sugerido previamente.

5

ACTIVIDADES DE ESPECIALISTAS

Un instante es la eternidad.
La eternidad es el ahora.
Cuando ves a través de este instante,
ves a través de aquel que ve.
Wu-Men, Maestro Zen Chino, Siglo XIII.

El capítulo en el repaso de las vidas previas resaltó las lecciones emocionales que los sujetos estaban aprendiendo. Laura estaba trabajando en el "odio y miedo", Liz en el "no darse por vencida después de la muerte de un ser amado". Lisbet estaba trabajando en el "no estar conectada con sus sentimientos", Nadine con el "lidiar con la energía negativa" Liam en sus suicidios repetitivos. El último capítulo sobre los grupos de almas introduce la idea de que los grupos de almas tienen un tema emocional que todos los miembros están aprendiendo. El grupo de Jack estaba trabajando en el "abrirse y dar", el grupo de Marta en "armonizar la energía". Ahora vamos a un tema más allá que los grupos de almas tienen, el cual es aprender una habilidad de especialista.

Sanadores, Guías y Maestros

Hemos ya repasado la descripción detallada de David Stephens del entrenamiento para ser un sanador en los reinos de luz. Ahora nos movemos a Lisbet Halvorsen, quien usa su vida pasada como traficante de esclavos para enseñar a otras almas sobre su experiencia. Esto sugiere que podría no haber sido un desperdicio de vida después de todo:

> Hay como un panel y estoy parada en medio, y es como si estuviera dando una clase... el cuarto se encuentra en forma de energía, pero se ve como un auditorio, algo como un semicírculo que está casi cerrado... Está lleno con quizás cien personas en diez filas... estoy hablando sobre cuán fácil es el cometer errores, usando mi última vida como ejemplo... Les muestro imágenes de esa vida y ellos pueden sentir cómo fue, pueden sentir el dolor de las otras personas, y pueden sentir cómo era ser yo, sin conexión con mis sentimientos... Es como si les mostrara en una gran pantalla, pienso en ello y ellos lo ven. Es una buena forma de aprender... Estamos esperando que ellos recuerden... Esta es mi forma de enseñar, el compartir mi experiencia... Había un panel de tres o cuatro sobre mí que me dijo que esta era una forma en la cual podía hacerlo... Ahora se están separando en grupos pequeños y hablan de ello y hacen ejercicios, viendo vidas diferentes y oportunidades y soluciones posibles, y yo estoy simplemente caminando alrededor ayudándoles.

Aunque esto ilustra el trabajo especial de Lisbet como maestra, es también un maravilloso ejemplo del continuo aprendizaje en el salón de clases que la mayoría de los pioneros menciona. Confirma la idea previamente tratada de que las almas son capaces de colocarse en la posición de aquellos a quienes han

Actividades de Especialistas

herido. Aprendiendo puede ir mucho más allá de simplemente reproducir los eventos de una vida como ocurrieron. Se puede extender al dolor de otra persona. Existe también la sugestión de que las almas pueden jugar roles de cursos de acción alternativos para ver cómo podrían haber sido los efectos. Esto demuestra el alcance de la asistencia disponible para nosotros en los reinos de luz cuando estamos intentando aprender y crecer.

Marta Petersen es otro sujeto que toma el rol de maestra. Después del repaso de su propia vida en la biblioteca de libros de vidas, ella se percibe a sí misma yendo hacia debajo de una sala, a un salón de clases. Note también cómo me corrige abruptamente cuando equivocadamente asumo que ella es un pupilo. Esto simplemente sirve para recordarnos de qué tanto los sujetos están a cargo de su propia experiencia entre-vidas, más que ser ciegamente guiados por el terapeuta:

Voy a otro salón de clases. Alguien me espera.
Sólo describe cómo es.
Está justo debajo de la sala. Se ve como un salón de clases normal, con mesas y un pizarrón, pero hay libros.
¿Cuántos estudiantes hay allí?
Ocho.
¿Y de qué trata la clase?
Me gusta trabajar hablando de una experiencia que he tenido en una de mis vidas, y discutiéndola con los estudiantes. Luego ellos me dan su visión de lo que ellos habrían hecho en esa situación y hablamos sobre opciones y demás.
¿Se te enseña alguna materia en específico?
No, yo soy la maestra.
Oh. Entonces, ¿Qué estás enseñando?
Como cuidar su nivel de energía. Cómo evitar que otras personas roben su energía cuando están encarnados. Cómo hacerse más conscientes de su propia energía y de la energía

de otros, y no permitir a la gente tomarla de ti, o no tomarla de ellos.

¿Cómo toma la gente energía de los otros?

Con pensamientos negativos y temor.

¿Cómo enseñas esto?

Primero que nada ellos tienen que hacerse conscientes de su propia energía, porque si no la sienten, no la pueden proteger. En la tierra necesitas hacerte consciente de tu cuerpo y de lo que hace, cómo reacciona cuando te sientes inseguro y si puedes controlarlo cuando alguien viene hacia ti con sentimientos y emociones negativos. Así que tienen que hacerse conscientes de su energía en su totalidad en su cuerpo.

¿Y cómo se puede sintonizar alguien con su propia energía?

Actuando por impulsos. Es la cosa más grande que olvidamos cuando estamos en la tierra. Ignoramos nuestros impulsos. Algunos lo llaman intuición.

¿Cómo sabes cuándo es tiempo de terminar esta lección?

Ellos pueden absorber solamente una cantidad limitada de información, así que esta es solamente una de muchas lecciones. Esto es algo que aprenderán en muchas vidas por venir y repetiré mi lección cuando sea necesario entre sus vidas, como un recordatorio.

Las observaciones de Marta indican que ella y quizás sus almas gemelas están en entrenamiento para ser guías también. La narrativa ahora se cambia a la pregunta de cómo fue ella capaz de encontrarse en el mismo tren que sus padres, camino al campo de concentración. Esto le permite morir con su madre como fue planeado, a pesar de su decisión previa de esconderse cuando los Alemanes se llevaron a sus padres:

Pregunta a tu guía como hizo para arreglar que encontraras a tu mamá de nuevo.

Actividades de Especialistas

Había un número de opciones. Pude haber muerto antes de encontrarme con ella en el tren, pero el punto era que muriera yo con ella. Así que fue arreglado que incluso si los soldados no me llevaban inicialmente, terminaría en el mismo tren en el que ella estaba.

Pregunta a tu guía espiritual cómo logra que la gente haga cosas para que el resultado sea el que quiere.

Él puede encausar a la gente, darles ideas y motivarlos a ir en cierta dirección.

¿Mientras están dormidos?

Incluso cuando están despiertos. Él es muy poderoso. He tratado de hacer esto yo misma antes. Podemos practicar en la gente mientras están dormidos, y es muy gracioso. Lo hacemos regularmente para mantener el entrenamiento.

¿Y cómo funciona esto? ¿Enviando tus ideas a la gente?

Tenemos que concentrarnos mucho y frecuentemente hay dos o tres de nosotros. Los sueños son la forma más sencilla.

¿Tienes un vínculo energético con estas personas?

La gente con la que practicamos nos es indicada, porque no podemos simplemente elegir a una persona aleatoria que esté dormida. Así que alguien más se encarga de que haya un contacto, o mentalmente indica a la persona con la cual podemos practicar, porque no queremos lastimar o dañar a nadie. En tanto sea inofensivo está bien y usualmente no es alguien que conozcamos.

La idea de que las almas experimentadas sean capaces de influenciar a la gente en el reino físico a través de sus sueños es ampliamente reportada. De cualquier modo, el hacerlo mientras estamos despiertos puede probablemente involucrar la plantación de una fuerte intuición o una repentina coincidencia que difícilmente podríamos ignorar. Todo esto está claramente relacionado con la forma en la que nosotros mismos intentamos apegarnos a nuestro plan de vida, algunas veces en conjunción con nuestras almas gemelas y otros. Cómo logramos esto será retomado luego.

Búsqueda Intelectual

Whitton es el único pionero que hace una breve referencia a lo que puede ser llamado estudios intelectuales en "vastos corredores de aprendizaje equipados con bibliotecas y cuartos de seminario". Dentro de ellos "doctores y abogados estudian sus respectivas disciplinas, mientras otros se aplican en aquellos temas como las leyes del universo y otros temas metafísicos". Esto claramente no es el mismo escenario que la biblioteca de libros de vidas, la cual parece estar mas orientada a lecciones emocionales.

Lene Haugland es nuestro único sujeto que confirma tal búsqueda de habilidades intelectuales, afortunadamente en gran detalle. En ella es también inusual que se encuentre tan inmersa en ello en una etapa tan temprana; inmediatamente después de su transición y sanación inicial. El "salón de clases" que ella describe está equipado con una clase de pantalla y libros que pueden tomar vida como una película. Esto no es diferente a los libros de vidas, pero la naturaleza de la información contenida en ellos es claramente muy diferente:

> Veo este gran, gran cuarto. Es como un salón de clases en cierto modo, y parece que puede ser antiguo, de hace ciento-y-tantos años... Veo grandes mesas y sillas de madera y los muros también son de madera. No está muy iluminado, está bastante obscuro. Hay muchos libros aquí, grandes libros, y personas leyéndolos y escribiendo en ellos. Al final del cuarto hay como una pantalla.
>
> *¿Hay cualquier otra presencia en el cuarto?*

Actividades de Especialistas

Sí, hay mucha gente.
¿Cómo se muestran para ti?
En forma humana pero todos tienen pelo largo, blanco y brillante. Ninguno habla entre sí, se ocupan solamente en los libros. Están llevándolos de un lado al otro, escribiendo en ellos, leyendo de ellos. Frente a la pantalla hay una máquina y es como si la pantalla fuera tridimensional. Es muy, muy, muy profunda.
¿Has estado antes aquí?
Sí.
¿Y para que utilizas la pantalla?
Puedo introducirme en ella si quiero. Tengo esta sensación de que podría desaparecer. Es otra forma de ir más profundo, es como si fuera a otro lugar.
¿Y qué haces aquí en esta ocasión?
Creo que he trabajado aquí con los libros antes. Cuando abro uno, no es como un libro real, es como si hubiera una película dentro de él. Como si estuviese vivo.
¿Tienen estos libros distintos títulos?
Sí.
¿Cuál es el título del cual estas mirando ahora?
"Llaves".
¿Y sobre qué lees?
Es difícil de ver. Tengo esta sensación de que tiene algo que ver con cosas tecnológicas, como sobre el tiempo y espacio. Está girando muy rápido.
Sólo echa un vistazo a una de las páginas y dime la información que hay allí.
Veo este círculo y es como un eclipse seguido de una luna llena. Es obscuro, luego está brillando, luego está iluminado, pero no sé lo que esto significa.
¿Qué te ha llevado a mirar en este libro?

La palabra que me viene es astronomía y geometría. Es importante para mí conocer algunas líneas de conexión entre los planetas y los sistemas solares. Es como si llevara alguna información sobre alguna clase de conexión.
¿Usas algún otro libro en la librería?
La persona en la siguiente tabla tiene un libro sobre flores, flores fantásticas. Nunca antes he visto ese tipo de flores. Es sólo para estas personas especiales que trabajan aquí. Ellas tienen un pelo largo y brillante, y son bastante pequeños, y tienen muy grandes narices.
¿Tienen algún nombre especial, o algún trabajo?
No son simplemente bibliotecarios, parece que es su trabajo leer libros, pero solamente leen aquellos que necesitan. La primera persona que vi, cuyo nombre es Marly, tiene, creo, el trabajo especial de recibir a las personas cuando entran aquí.
¿Puede venir cualquier alma a esta biblioteca?
No. Se necesita tener una conexión. No sé por qué se me permite estar aquí, porque yo no soy uno de ellos, pero se me ha dado permiso de estar aquí por alguna razón.

Lene luego se encuentra moviéndose a través del corredor hacia otro cuarto donde las almas, más que estar estudiando, parecen estar ocupadas en una forma más automática de adquisición de información:

Esta bien, dime lo que haces después.
Estoy en algo como un salón de clases, con bancas pero sin mesas.
¿Y cuántas personas hay allí?
Contaré. [Susurra] Una, dos, tres, hay cinco personas. No están sentadas juntas y hablando entre sí, más bien están absorbiendo algo, una clase de energía. Parece como algún tipo de estación de carga. Es para algún tipo de información, y

Actividades de Especialistas

si se sientan en lugares diferentes, obtienen una información diferente.
¿Te sentarás y obtendrás alguna información en este lugar?
No, no. Solamente vengo de pasada.
¿Has usado alguna vez este lugar tú misma para cargar información?
Sí.
¿Contiene esto el mismo tipo de información que la biblioteca a la que fuiste antes?
Es el mismo tipo de información, pero no la están tomando a través de los ojos. La biblioteca era más física y mental. En este lugar simplemente te sientas ahí y absorbes.

Cuando ella prosigue para reunirse con su grupo de almas, encontramos que su tema involucra el comunicar símbolos pictográficos atemporales con una clave matemática:

¿Cuál es el propósito actual de este grupo de almas?
Estamos trabajando con símbolos. Nosotros comunicamos con ellos, porque obtenemos información más exacta de esa manera.
¿Es esto algo único para tu grupo?
No, es algo que ha sido usado por muchos grupos de almas. Todo aquel que los usa sabe lo que los símbolos significan, son como dibujos, un lenguaje de matemáticas.
¿Es posible escribir esta información en la tierra?
Sí lo es, pero lo que lo hace difícil de usar en la forma en que lo hacíamos antes, hace mucho, es que diferentes personas y culturas les han dado nombres y significados distintos, por lo que los significados originales ya no son claros.

Aquí Lene parece estar describiendo alguna clase de "lenguaje del universo" arquetípico y es interesante que reporta que fue de uso común en la tierra en algún momento, pero ha sido tan distorsionado por diferentes culturas que su significado original se ha obscurecido.

Trabajando con Energía

Newton proporciona un número de ejemplos de sujetos trabajando creativamente con energía. Varios de los sujetos confirman esta idea a tal punto, que el trabajo básico de manipulación de energía puede no ser tan especializado, ya que todas las almas se involucran en ella hasta cierto punto.

Un fino ejemplo de esto viene de Liam Thompson en su segundo encuentro con su grupo de almas:

> *¿Qué está pasando con tu grupo de almas ahora?*
> Están creando con su energía. Todos son sanadores y yo lo soy también. Están haciendo formas, figuras.
> *¿Y qué son estas figuras?*
> Energía pura.
> *¿De dónde están obteniendo esta energía?*
> Creo que la están canalizando de la fuente.
> *¿Qué están haciendo con esta energía?*
> Hmm. Aprendiendo cómo crear materia sólida. Trabajando primero en cosas pequeñas. No estoy seguro de cómo hacerlo exactamente... piedras... Pensamientos claros, enfocados.
> *¿Esto toma mucha práctica?*
> Sí. Toma mucha práctica. Es fácil visualizar algo, pero es más difícil el proyectarlo.
> *¿Cómo es que se proyecta?*
> Tu energía sigue tus pensamientos. Es como moldear con arcilla. Estoy viendo de momento, no he alcanzado esa etapa aún, pero sé cómo hacerlo.

Actividades de Especialistas

Esta descripción apoya bastante a la idea de que todas las formas físicas a lo largo del universo son el resultado final de formas de pensamiento y energía dirigida. Claro que parece que esto aplica desde la Fuente Última en sí inicialmente, manifestando las galaxias y sistemas solares que pueblan el universo, continuando a través de la creación más detallada de todas las formas de vida que habitan varios planetas. No obstante, esto no apoya a un relato literal, bíblico de la creación. En vez de ello, parece que varios prototipos para diferentes formas de vida animal, vegetal y mineral, han sido creadas en distintas etapas en el camino. Éstas están constantemente evolucionando en distintos entornos planetarios junto con las líneas evolucionarias naturales. Newton proporciona un ejemplo de un sujeto trabajando para corregir un desbalance serio entre las formas de vida animales y vegetales dominantes en el ecosistema de otro planeta. El proceso implicaba el usar formas de pensamiento dirigidas para dar a la evolución el "empujón" en la dirección correcta para que el experimento no se tuviera que comenzar de nuevo. Esto parece representar una explicación científica del proceso.

También parece que, hasta cierto punto, el trabajar con energía está relacionado con la sanación. En la narrativa previa, Liam revela que todos en su grupo son sanadores y también manipuladores de energía. Mientras tanto, Nadine Castelle intentaba usar la sanación de energía en el reino físico en su última vida como doctor. En su repaso de esa vida, emerge que en el futuro ella "necesitará trabajar con la consciencia de los campos energéticos y cómo éstos afectan a la materia física". En línea con esto, ella toma un tiempo fuera especial, en medio de su entre-vidas, para entrenarse más en la energía. Ella describe un proceso más sutil de "configuración", el cual claramente no es el mismo que aquel de "creación", y es, en efecto, más difícil de aprender:

Voy a los jardines. Tengo un jardín especial al que voy. Me gusta simplemente sentarme y observar.

¿Qué haces aquí?

Hay muchas cosas que puedes hacer. Me gusta simplemente intentar crear forma a través de pensamientos.

¿Y qué clase de formas te gusta crear?

Flores. Ellas son simplemente formas de pensamiento.

¿Hay otras cosas que haces en este lugar?

Configuración. Configuro frecuencias de energías en diferentes formas. Puedes crear diferentes cosas, formas diferentes de cosas. No solamente materia, sino atmósferas. No soy muy buena de momento, solamente estoy en realidad intentando aprender.

¿De qué forma es esto diferente de simplemente crear formas de pensamiento?

Las formas de pensamiento son como una forma telepática de cambiar la energía a materia. Puedes solamente pensar sobre algo y jalarlo, y se convierte en materia. Con la configuración es más puro y tienes que entender los tipos más sutiles de energía que creamos, y entender los distintos tipos de partícula o los distintos tipos de substancia que hacen que la partícula sea lo que es. Es un poco complicado y estaré obteniendo mayor entendimiento de ello en el siguiente par de formas de vida que tome.

¿Qué harás con este conocimiento en tus próximas vidas?

Conexión. En nuestro grupo todo tiene que ver con conexión, hacer que las personas se sientan de cierta manera y desarrollarlos en un tipo de forma. Forma energética, para que el cuerpo humano se pueda abrir a la fuerza de la consciencia de la forma espiritual.

Quizás el aspecto más fascinante del trabajo con energía involucra el operar como un "ser de luz", quien ayuda a mantener

Actividades de Especialistas

la "matriz de energía" o "red" que conecta al universo entero. Verónica Perry proporciona una breve referencia a esto en su primera sesión cuando describe una de sus opciones de vida:

> Esta opción es el continuar canalizando energías, pero en forma espiritual y sobre la tierra. Se me está mostrando como una red donde cada punto es un ser de luz y todos están conectados y combinando energía.

No obstante, Laura Harper proporciona un relato mucho más detallado cuando describe el tema en el cual su grupo está trabajando:

> *¿Tiene tu grupo un tema o propósito particular?*
> Estamos desarrollando radiación de luz.
> *¿Qué significa eso?*
> Lo que veo frente a mí es esta matriz alrededor de la tierra. Esta clase de hermosa, muy hermosa red, y hay puntos sobre ella que se iluminan. En realidad está completamente iluminada, están todos prendidos y juntos. Primero vi que todas las cosas en la tierra, como árboles y plantas, también tienen esta matriz y patrones que se juntan. Luego, de más lejos, tuve un vistazo de que todos los planetas están también unidos. Tiene algo que ver con "probar los nodos".
> *¿Cómo funciona el probar los nodos?*
> Todos formamos un circuito y es un poco como el filme de *ET*. Uno de nosotros pone un dedo en un nodo y el aquel al final del circuito tiene un dedo en otro nodo. Sólo por un momento nos iluminamos o sublimamos. Se siente como "cargarse". Es como estar en un medidor de luz.
> *Hmm, ¿Y qué ocurre con el nodo que acabas de tocar?*
> El nodo se hace muy brillante. Es una clase de brillo que va alrededor, una onda, un pulso. Creo que si lo hacemos mal se

causa una clase de shock. Ah, ahora veo, somos tan sólo conductores de la Fuente. Actuamos como una clase de estación de carga. Si no hiciéramos este trabajo, todo en la tierra simplemente moriría, eventualmente la luz se apagaría. Toda la materia se convertiría en partículas y no podrían adherirse para hacer una forma propia.

A pesar de que no es completamente claro a lo que está llegando Laura aquí, parece que está al menos dando a entender la idea de la necesidad de una energía fundamental del alma. Todo en el universo necesita ser mantenido y recargado para que permanezca en una manifestación física coherente.

6

Planeando la Vida Siguiente

Eres las notas y nosotros somos la flauta.
Nosotros somos los peones y reyes y torres.
Tu sacas la mesa: nosotros ganamos o perdemos.
Jelaluddin Rumi, Místico Sufista, Siglo XIII.

La idea crucial de que podamos estar activamente involucrados en la elección y planeación de nuestras propias vidas no se encuentra en ninguna de las religiones del mundo, en ninguna tradición espiritual o esotérica. Esto incluye a aquellas que se adhieren al concepto de reencarnación. Sorprendentemente, la primera mención de la planeación de la vida siguiente llegó desde el siglo cuarto antes de Cristo. Platón, el filósofo griego, se refirió a la experiencia cercana a la muerte de un soldado herido en batalla, en la cual le fue ofrecida una opción para la vida siguiente. En tiempos más modernos, el primer relato a fondo fue de un espíritu evolucionado llamad Seth, quien habló vía la médium Jane Roberts en los 60's y 70's. Sin embargo, el avance real detrás de su aparición ha venido de la investigación entre-vidas, y todos los pioneros reportan sobre ello sin excepción. No sería sorpresivo que todos los sujetos en esta investigación han tenido alguna clase de planeación de vida u opción de la vida siguiente.

Hay un número de elementos para ello, y las almas emplearán uno o más. Puede haber un grado de planeación adelantada y discusión con los guías espirituales tan temprano como en el repaso de la vida pasada o con las almas gemelas en la reunión grupal. Algunos de los extractos previos de los sujetos han cubierto ya esto. La planeación completa con almas gemelas y guías normalmente sucede hacia el final del entre-vidas. En este punto hay una vista previa de la vida siguiente, la cual podrá venir como tanto una opción única o múltiples opciones. Finalmente, hay una discusión sobre la vida siguiente con los sabios para acceder a su más amplia sabiduría después de que se ha ya hecho una elección específica. De cualquier modo, así como con los repasos de la vida pasada, la secuencia específica de eventos es fluida. En general todo lo que se puede decir es que los elementos de la planeación ocurren antes de cualquier elemento de repaso.

La mayoría de los sujetos fueron guiados para cubrir la vista previa de la vida actual. Para proporcionar un contraste, se le permitió a dos de los sujetos planear para una de sus vidas pasadas.

Planeación con Otras Almas

En ambos ejemplos siguientes de reuniones de planeación hay problemas emocionales involucrados. El sujeto y sus almas gemelas tienen a sus respectivos guías espirituales con ellos. La planeación de Liam Thompson implica el encontrarse con dos almas gemelas, quienes le ayudarán con su problema de suicidio repetitivo, y cómo él también puede ayudarles:

> Estoy volviendo con mi grupo de almas. Es hora de discutir cosas con dos personas que sé que vendrán de vuelta conmigo. Necesitamos discutir el rol que ellos desempeñarán para

Planeando la Vida Siguiente

ayudarme a alcanzar lo que hay que alcanzar, y cómo puedo yo ayudarles también.
Hay alguien más contigo?
Hay algunos guías espirituales. El mío y creo que ellos vienen con los suyos también.
¿Hay alguien aportando ideas sobre lo que van a hacer?
Jamie será mi muy buen amigo en esta vida. Iré a la escuela con él. Él es excéntrico, pero me ayudará a permanecer en balance. Me ayudará a ver la verdad de una situación. Puedo confiar mucho en él porque, en efecto, él dice la verdad. Luego está mi mamá, Karen. A ella le gusta ser la figura materna de cualquier modo, pero ella será firme. No cederá fácilmente cuando mi vida se torne muy difícil y me hará enfrentar lo que necesite enfrentar. Si muestro señales de que me quiero dar por vencido, de irme y regresar a casa, ella las conocerá de antemano y las recobrará. Así puede ella evitar que suceda.
¿Cómo vas tú a ayudarles?
Una vez que haya ordenado mi vida, seré como una piedra para mi mamá, porque ella la tiene difícil en esta vida. Mantendré a Jamie centrado, porque en ocasiones es un alma demasiado libre. Ah, creo reconocer a otro miembro de mi grupo. Creo que es mi hermana y está con alguien más que reconozco, Leanne. Necesito ayudarla... Tengo que ayudar a mi hermana también. Creo que mis guías me ayudarán trazando todo para mí.

El problema de Liz Kendry a lo largo de varias vidas pasadas fue debido a la dependencia en su marido, y una inhabilidad para hacer frente a la vida después de su muerte. La misma alma gemela desempeñó el papel del esposo en todas estas vidas pasadas. De hecho, él lo está haciendo de nuevo en la vida actual, bajo el nombre de Charles. En su planeación conjunta discuten varias situaciones de vida alternativas que le permitirán a ella encarar el mismo problema, pero ojalá lo pueda manejar mejor. También cubre cómo ella puede ayudarlo también a él:

Hablamos sobre el estar más distanciados en nuestra relación. Otra opción es que no nos encontremos, y otra es cambiar los roles, pero eso no haría ninguna diferencia en el perder a la otra persona, las mismas emociones estarían ahí. Otra es estar en una relación juntos, donde tengamos que estar lejos por mucho tiempo. Esa es la que elegimos.
¿Cuál es la razón para elegir esa y rechazar las otras?
Esperamos que en esta vida, si pasamos tiempo aparte, podamos estar juntos y aún ser independientes. Así podremos crecer emocionalmente en vez de ser dependientes el uno del otro.
¿Se encuentra Inka contigo?
La vamos a ver ahora. El guía de Charles está ahí también. Ellos piensan que es una opción razonable.
¿Qué saca Charles de esto?
Él necesita paciencia. Él necesita aprenderla antes de su muerte. Yo le tengo que ayudar con eso y con sus hijos y la vida diaria, para que no se precipite con las cosas. Él tendrá oportunidades a lo largo de su vida donde podrá "saltar a bordo" y precipitarse, y ello puede terminar muy mal, o puede tomarse su tiempo y ser muy exitoso. Yo tengo que estar ahí tratando que se desacelere.

El plan es que Charles morirá aún antes en esta vida y dejará que Liz críe a sus dos hijos sola. Ahora encontramos que también están involucrados en el proceso de planeación y que hay también para ellos lecciones especiales:

Planeando la Vida Siguiente

Me pregunto por qué necesito el reto extra de criar a dos niños sin su padre en una etapa temprana de sus vidas. Se me dice que no es mi reto, es suyo.

¿Te encuentras con alguna de esas dos almas y sus guías para discutir esto con ellos?

Sí. A Isaac no le importa, pero Claire está muy titubeante. Ella se preocupa porque ella será mayor y tendrá una carga emocional mucho más grande que Isaac. Está preocupada por cómo se relacionará ella con los demás, aquellos que sí tienen padres, o cómo se relacionará con los hombre en general. Hay una charla de otros modelos masculinos a seguir en sus vidas. Miembros de la familia.

En el momento de la sesión entre-vidas de Liz, Charles había ya fallecido como planeado. Es por lo tanto muy importante notar que ella parece apegarse a la experiencia original en sus varios encuentros con él. Habría sido seguramente muy tentador para su sesión el que estuviera ella dominada por sus emociones en tiempo real al estar reunida con él, si ella hubiese tenido total control consciente. En efecto, en ningún momento ella lo percibe en tiempo real, e incluso la alegría que ella expresó en el capítulo 4 cuando se reúne con él, fue claramente por la personalidad que él había sido en su vida pasada juntos. Esto, de nuevo, sugiere un alto grado de objetividad en la experiencia entre-vidas. Esto no refleja tampoco una carencia de sentimientos hacia Charles en su vida actual, tal como su retroalimentación subsecuente en la sesión mostrará después.

Vistas Previas de Una Vida

La mayoría de los pioneros concuerda en la idea general de que las almas tienen una vista previa de vida. Esto incluye información de sus circunstancias futuras, tal como sus padres y ubicación geográfica. Éstas están basadas en vidas pasadas y las lecciones a ser aprendidas.

Los dos sujetos que tienen la vista previa más detallada de una única opción de vida tienden a tener un problema emocional repetitivo, uno sin resolver a lo largo de un número de vidas. El primero es el suicidio repetitivo de Liam Thompson, y en su reporte encontramos que la mayor parte de su futuro está contenida en esta vista previa en tiempo real de su plan de vida:

> Estoy como en un cine. [Ríe] Es realmente un cine, con asientos en filas y una gran pantalla. Excepto que, creo, tengo el control de lo que hay en la pantalla y puedo ver lo que quiera. Es hora de que vea ciertas cosas. Voy a ver escenas que serán como indicadores para ciertos eventos, una clase de déjà vu's, para que sepa que voy por buen camino.
>
> *¿Qué hay en estas pantallas?*
> Me veo terminando la universidad. La dejé porque no era lo correcto. Esto ya ocurrió.
> *¿Qué ocurre después?*
> Estoy trabajando en una tienda de libros. De hecho trabajo en una tienda de libros actualmente. Aparentemente no me quedaré ahí por más de dos años.
> *¿Te muestra algún evento después de eso?*
> La cinta está corriendo. Se paró.
> *¿Te la han bloqueado?*
> Sí.
> *¿Tienes otras opciones de vida?*
> No, creo que solamente tengo esta. Nunca se me dio una alternativa. Me estoy poniendo al corriente, por lo que no se me dio la oportunidad de escoger.
> *¿Cuáles son tus primeras impresiones de esta vida?*

Estoy un poco asustado, un poco aprehensivo. No quiero seguir estropeando todo y no quiero estropear esta, pero sé que tengo apoyo.

Por supuesto sería fácil descartar esto porque Liam tiene exactamente la experiencia que esperaríamos, donde él solamente ve cosas sobre su vida que ya han ocurrido y de las cuales sabe. El resto es convenientemente bloqueado. De cualquier modo, veremos en breve que esos pocos sujetos que planean para una vida pasada previa obtienen aún la misma clase de vistas previas.

Es interesante que Liam hace una sugestión inusual de que los eventos que ve en esta vista previa actuarán como "disparadores" inconscientes para que él sepa que va por buen camino mientras está encarnado. Tiene sentido que si nos vemos haciendo ciertos trabajos u otras actividades en nuestra vista previa de vida, deberíamos obtener un sentimiento de déjà vu una vez que realicemos esto en el reino físico.

Jack Hammond, quien está trabajando en no ser un ermitaño, tiene cierta prisa para regresar a la encarnación después de tan sólo una breve reunión con su grupo de almas. Esto es más común después de una vida en la cual el problema principal no fue completamente aprendido o no entendido por completo. Es casi como si el alma quisiera pronto aplicar el aprendizaje del fracaso previo y rectificar el problema. La descripción de Jack del proceso de vista previa de vida es detallada e interesante:

He de volver y hacerlo de nuevo.
OK, entonces, ¿Adónde vas?
A algún lugar diferente. Se que me estoy preparando para reencarnar. No sé si realmente me guste mucho.
Simplemente describe el lugar en el que de momento estás.

La primera palabra que me viene a la mente es como una cabina, un cuarto de operaciones. Realmente me cuesta describir parte de estos lugares.

¿Está esto en forma de energía, como en otros lugares?

Sí. Es como si fuera sólo un vago indicio de un panel de instrumentos, pero no es como ningún panel de instrumentos que conozca. Es más como estas cosas que están aquí para transmitir algo. Es aquí donde se traza todo para la vida siguiente.

¿Qué está realmente ocurriendo en este cuarto?

Hay al menos otras dos personas aquí. Están trabajando los instrumentos, o lo que sea que sean, y se me muestra adónde voy. Es interesante, pero no tengo adónde ir, no tengo que hacer esto.

¿Qué te están mostrando?

Una o dos de las cosas que no me gustarán. Tendré exactamente los mismos mamá y papá.

¿Te es mostrado o estás en efecto experimentando la vida?

Es una mezcla de ambos. Para describirlo en el lenguaje que tengo, es como que estoy viendo a la pantalla, pero realmente no es tan simple.

¿Cuál es tu primera impresión de la vida?

Mi madre es parte Maori, lo que significa que yo lo seré también. De algún modo seré diferente, aunque no sé por qué. ¡Oh! Lo entiendo, lo entiendo. Seré un pobre niño Maori. Mi hermano y mi hermana no lo serán. Conmigo los genes Maori se pasarán y yo seré de piel obscura. Mi madre no estará muy contenta con un niño que lleve el gen, por lo que creo que seré una fuente de excepción.

¿Cómo te ayudará esto con tu propósito de vida?

Parece que tendré que ser expulsado. Tendré toda excusa en el mundo para ser solitario y para estar por mí mismo. Ahí es de donde tengo que empezar, pero tengo que aprender a dar. Se

me darán algunos atributos. Voy a tener una gran habilidad deportiva, lo cual significa que conoceré a mucha gente, así que esta será una oportunidad mía para dar. Hay algo más, algo más. Es sensibilidad. Será un amor de naturaleza humana.
¿Vienen estos atributos de tus vidas previas o vienen o de alguna otra fuente?
Son cosas que he tenido antes pero que he reprimido. Siempre han estado ahí, por lo que puedo elegir usarlas, o hacer lo que siempre he hecho antes y entregarme a mí mismo. El reto será difícil, muy difícil.
¿Se te muestra alguna opción, o es esta la única vida que se muestra?
Tengo la opción de no ir en absoluto, pero hay un rasgo determinado en mí. No me gusta realmente lo que tengo que hacer, pero no me quiero quedar donde estoy. La impresión que estoy obteniendo es que no es una orden. No me tomes a mal, pero eso como, "Aquí hay un buen escenario para ti, piensa al respecto cuidadosamente. Ya sabes que esto es lo mejor. Estás bien establecido con todo lo que necesitas, pero serás retado. Tengo un buen montón de aprehensión, pero es diferente a la aprehensión humana.
¿Qué piensa Garth sobre esta vida?
Simplemente me está sonriendo. Es como "sobrevivirás, estarás bien".

Aquí Jack proporciona una confirmación excelente sobre un punto hecho por varios de los pioneros. Si se le da solamente una opción de vida al alma, la cual no le parece atractiva, puede inicialmente rechazar la idea. Se podría asumir que las almas son forzadas a una vida que no quieren. Una exploración adicional siempre confirma que este no es el caso y que pueden rechazarla. Lo que en realidad sucede es que incluso las almas menos experimentadas usualmente toman un pequeño tiempo para apreciar que esto es lo que necesitan si quieren hacer cualquier progreso propio y liberarse de patrones repetitivos de comportamiento.

Aunque estas son las vistas previas más detalladas experimentadas por los sujetos, no fueron las únicas. Por ejemplo, cuando Nicola Barnard se encuentra con sus sabios, se le da únicamente una opción. Más significativamente, vimos en el capítulo previo cómo Lene Haugland se enrola en una variedad de búsquedas más intelectuales en los reinos de luz. Esto sugiere que ella es un alma razonablemente experimentada y no parece tener ninguna clase de problema emocional repetitivo. Sin embargo, a ella también se le ofrece una opción: "Sé qué vida voy a vivir... No hay opciones... Es muy importante que vaya a esa familia". Por lo tanto parece que podría ser incorrecto el asociar una falta de opciones con un bajo nivel de experiencia del alma.

Vistas Previas de Opción Múltiple

Solamente Newton discute en detalle la idea que de las almas tengan más de una vida potencial. Nuestros sujetos confirman estos hallazgos completamente, y aproximadamente tres cuartos de aquellos que experimentaron una vista previa reportaron haber tenido una opción múltiple de vidas.

Hay un número de ejemplos excelentes de estas vistas previas. Nadine Castelle tiene una breve discusión con su guía espiritual sobre las opciones de vida en una etapa muy temprana, durante su repaso inicial después de su vida como doctor:

> Mi guía espiritual dice que tengo opciones. Ir de vuelta a la profesión médica para aumentar la consciencia, o ir a otra profesión que aumente la consciencia. Escogí esta última

porque la médica se sintió demasiado pesada y habría tenido que renacer en género masculino y no quise.

Para la mayoría de los sujetos, la vista previa viene hacia el final de su entre-vidas. Quizás coincidentemente, casi todos aquellos que están citados tuvieron tres vidas de las cuales elegir. En la primera de estas, Katja Eisler elige la vida que tenía la mayor cantidad de posibilidades. Recordaremos que ella tuvo la vida pasada como una campesina Mexicana y le daba más atención a su burro que a la gente. Ella está con Merlo, su guía, aunque él no parece estar muy involucrado en el proceso:

Puedo sentir un deseo de volver a la vida física de nuevo.

Entonces, ¿Qué haces?

Estoy dejando a mi grupo, diciendo adiós. No hay necesidad de abrazarlos, nos sentimos tan conectados que ellos saben cuánto me importa. Hay un gran edificio blanco de grandes muros, techo plano, puertas grandes y blancas, y adentro hay varios escenarios.

¿Sabes qué edificio es este?

Es para ver los cuerpos, o las escenas. Para tener un vistazo dentro de una vida.

¿Cómo se te presentan?

Me muevo alrededor de los escenarios. Están hechos de madera, no son muy grandes, como un pequeño teatro.

¿Cómo funcionan?

No estoy seguro si me debería quedar en frente o si debería ir a la parte de atrás para ver lo que hay allí. Puedo ver a Merlo, está apenas detrás de mí, y cuando lo veo me dice "puedes decidir sola, tú lo sabrás".

Entonces, ¿Qué haces?

Veo a una chica en Japón. Es más como una película de un teatro. Es muy pequeña y frágil.

¿Se te presenta su vida?
Su padre es muy estricto y su madre muere joven.
¿Por qué rechazas esta opción?
Quizás es demasiado difícil porque ella es tan frágil. Veo a una segunda esposa del padre y ella también es muy estricta.
¿Cuál es la siguiente opción?
Mi vida. Mi cuerpo. No seré querida por mi madre cuando sea niña, pero tendré una conexión profunda con el padre. Tengo que aprender mucha empatía con la madre. Hay mucho sobre traición. Traición del padre y de otros. El traicionar y el ser traicionado.
¿Qué te atrae a esta vida?
Puedo percibir una fuerte voluntad conectada con este cuerpo y una mente flexible. No llamaría a esta vida "fácil", pero hay más posibilidades.
¿Se te muestra alguna otra posibilidad?
Sí, un niño, su cuerpo parece ser muy torpe. Se me muestra una personalidad muy tímida, muy insegura, de este niño y este hombre. Parece que sería en Inglaterra o Irlanda. La familia vive una vida muy simple, muy poco privilegiada y sin mucha capacidad para crecer.
Entonces, ¿Por qué la rechazas?
El chico tiene muchas dificultades de aprendizaje. Pensé que podría influenciar más con la anterior a esta.
¿Se te muestran más opciones?
Es todo.
¿Y discutes esto con Merlo?
Él sabe, él está de acuerdo.

Podemos ver que Katja está considerando vidas en diferentes continentes, tal como Marta Petersen, quien tuvo la vida altruista como una chica judía en la Segunda Guerra Mundial:

Planeando la Vida Siguiente

Estoy en el lugar de selección de cuerpo. Tengo una mesa frente a mí, se dobla hacia adentro, hacia mí, por lo que estoy casi rodeada.
¿Estás sola?
Sí, pero creo que mi guía vendrá luego.
¿Cuántos cuerpos tienes para elegir?
Tres.
Repasa solamente las opciones que no tomaste.
La primera es un niño de Oslo, en Noruega.
¿Es un cuerpo fuerte o débil?
Débil. Tiene una tendencia a tener sobrepeso pero mucho potencial musical.
¿Por qué la rechazas?
Porque físicamente no se ve como lo que tengo en mente. Me perdería de lecciones importantes si me viera así.
¿Qué lecciones te perderías?
Me aislaría un poco, no tendría muchas experiencias sexuales, y esto es algo que aprecio mucho cuando tengo la oportunidad de practicarlo.
¿De que manera son importantes las experiencias sexuales para ti?
Tengo que mejorar el control de mis emociones, y esta es una manera de ser más fuerte dentro de mí. Este chico no tendría muchas parejas sexuales porque no es muy atractivo.
OK, ve al siguiente cuerpo y descríbelo.
Esta es una niña, en China o Japón, pero la descarto casi inmediatamente porque su forma de vivir no se adapta a mí. Ellos son de alguna forma de mente cerrada, al menos donde este cuerpo crecería. Mi crecimiento espiritual no sería muy significante aquí, porque luego estaría muy involucrada en hacer de mi música una carrera. Es un gran rompecabezas porque tengo muchas cosas que quiero aprender en esta vida.

Ahora ve hacia el cuerpo que elegiste y dime tus sentimientos al respecto.
Es desafiante porque destacaría mucho. Soy alta. No tendría una buena habilidad para mezclarme bien y desde una edad muy temprana resaltaría.
¿Este cuerpo es fuerte?
Es medio. No es un cuerpo con el cual haré muchos deportes, o similares, pero es suficientemente fuerte.
¿Tienes una opción de emociones que vayan con este cuerpo?
Pues, es un cuerpo muy obstinado. No seré capaz de esconder mis emociones y puedo ver cómo reaccionará la gente a mi alrededor.
¿Hablas sobre esta elección con tu guía espiritual?
Sí. Dice que hay un par de cosas que tengo que pensar bien. Habrá algunos puntos significantes en mi vida en los cuales tengo la opción de darme por vencida o continuar. Si puedo superarlos estará bien, pero existe el riesgo de que no lo logre.
¿Cuáles son estos puntos significativos?
Habrá un tiempo difícil en mi adolescencia, y él piensa en enviar a alguien para ayudarme. Tendré una baja autoestima en este tiempo. Tendré que experimentar algunas cosas muy temprano porque de otra manera no seré capaz de hacer la mayor parte de mi vida.

En contraste, Laura Harper parece concentrarse más en la composición emocional de lo que hay en sus cuatro opciones. Recordaremos que ella tuvo la vida pasada de un viejo hombre cuyo pueblo fue invadido y estaba aprendiendo a no tomar la vida tan seriamente:

Siento que estoy en un cuarto, en una especie de nave espacial o algo así.. Es redondo y obscuro. Hay consolas y hay cuatro

tipos de losetas de mármol, o algo así. Son usadas para los cuerpos que yo podría habitar.
Repasa los cuerpos uno por uno y dime cuál es tu impresión de ellos.
OK, el primero es una mujer. Muy pequeña y delgada, de huesos finos. Muy frágil.
¿Cómo podría ese cuerpo ayudarte en tu propósito en esta vida?
Um, ese cuerpo tiene una sensibilidad muy delicada y receptiva. Esa persona está muy en sintonía y luce demasiado frágil con las palabras, pero de hecho tiene una muy buena receptividad.
¿Qué significa esto para el tipo de vida que tendrías?
No sería una vida fácil. Ella estaría muy en sintonía al trabajo de sanación. Sería maravillosa.
¿Por qué rechazas este cuerpo?
Es demasiado frágil. No es robusta.
¿Sería una vida muy difícil con ese cuerpo?
El que esté tan finamente ajustada significa que es también demasiado sensible a dañarse físicamente muy fácilmente y entra en juego la palabra mutilado.
Ve al segundo.
El segundo es casi exactamente lo opuesto. Es un hombre, alto y fuerte y con un muy bello cabello largo. Luce algo nórdico. Un poco como un vikingo.
¿Por qué rechazas este?
Sería muy difícil ser suficientemente sensible para satisfacer con mi contrato. Sería muy tentador malgastar mi vida en cosas superficiales.
Prosigue a la tercera opción.
Es una mujer. De pelo negro. Es bastante fugaz. Puedo ver que también conoce el odio. Es muy divertida. Ahora tengo que

pensar en por qué no la elegiría. La palabra que me viene a la mente es "determinada".

¿Sería una vida fácil o difícil si estuvieras en este cuerpo?

Sería bastante fácil. Sería incluso muy divertido.

¿Te daría el desarrollo espiritual que buscas?

No. No, hay mucha resistencia en ese cuerpo para suavizarse.

Prosigue al cuarto cuerpo. ¿Qué es lo que te agradó más sobre ese cuerpo?

Estoy viendo este cuerpo. Uh, ella es también un poco salvaje, no está tan afinada como la primera, pero tiene una buena sensibilidad en ella. Puedo ver que tiene algo de esa otra determinación, se siente desafiante.

Sólo recuérdame, ¿Cuál es tu propósito para esta vida?

El propósito de mi alma es traer amor.

¿Cómo ayudará ella a lograrlo?

Tiene una naturaleza robusta, pero tiene una ansiedad que se siente como que está demasiado finamente balanceada. Como una sensación de montar un caballo fogoso que necesita de un manejo cuidadoso.

¿Te encuentras sola cuando ves estos cuerpos o se encuentra tu guía espiritual o maestro contigo?

Aquí está ella, sí. No lo había notado, pero aquí está, a mi derecha.

¿Tienes alguna discusión sobre el nivel de inteligencia que vaya con este cuerpo?

[Ríe] Ella me advierte que su condición en la vida la hará ser como una batería cargada, que su sendero de vida no será no fácil, con esa cantidad de emoción.

Ha sido ya mencionado que el criticismo potencial de la planeación entre-vidas es que el sujeto conscientemente sabe sobre una de las opciones, la cual es su vida actual. No obstante, ahora nos movemos a dos regresiones entre-vidas en las cuales

Planeando la Vida Siguiente

los sujetos planean por una vida previa en la secuencia de vidas pasadas. En estos entre-vidas ninguna de las opciones podría haber sido conocida con anterioridad.

El primero de estos sigue la vida pasada de Verónica Perry en la cual ella muere en cama a los 86 años después de una vida relativamente poco desafiante. Se le ofrecen distintos e interesantes tipos de vidas. Una opción es permanecer en los reinos espirituales y continuar aprendiendo a trabajar con energía y las otras dos opciones son vidas físicas. Es de particular importancia su mínimo conocimiento previo:

Tengo tres opciones.
Dime sobre las opciones.
Tengo dos opciones para forma física o puedo permanecer en forma de energía.
OK, repasa cada opción.
La primer opción física es el encarnar como una huérfana, una pequeña niña. Estoy como viendo una imagen puesta dentro de mi mente de esta pequeña niña.
¿Qué aspecto aprenderías en este cuerpo particular?
Esta sería una vida muy difícil. [suspira] No puedo ver ningún aprendizaje para mí en esta vida, es más sobre enseñar.
¿Cómo sería sobre enseñar?
Es sobre tratar de traer algún enfoque a las dificultades y los horrores que pueden pasar con los niños. [suspira]
¿Cuáles son tus pensamientos e impresiones sobre esa clase de vidas?
No creo que nadie realmente querría esa clase de vida.
OK, prosigamos a la segunda opción.
Hmm. Esta segunda vida más donde puedo continuar aprendiendo paciencia. No se me da mucha información sobre esa vida porque es una vida donde necesito aprender.
¿Qué clase de persona serías?

Sería hombre, de una familia muy adinerada, pero hay paciencia y tolerancia a aprender.
¿Cuál es tu impresión sobre esa vida?
Me siento atraída a ella por los aprendizajes. Estos son sentimientos que necesito aún experimentar. La rechazo porque habrá otras oportunidades de tener esos aprendizajes.
OK, prosigue ahora a la tercera opción.
Esta es para continuar canalizando energías, pero es en forma espiritual y sobre la tierra. Se me muestra una clase de red. Una red donde cada punto en ella es un ser de luz y todos están conectados y combinando energía, y me puedo unir a ellos.
¿Qué piensas sobre esta opción?
Creo que sería agradable, pero la rechazo. Aunque sé que será difícil, siento que tengo que tomar la primera opción. Acabo de tener una vida de regalo. Una vida apacible y alegre, y siento que puedo tener una opción más difícil esta vez.

Es interesante que Verónica escogió el plan de vida de la huérfana a pesar de, en sus palabras, "No creo que nadie querría realmente ese tipo de vida". La implicación de una vida para el beneficio de otros, llamada una vida altruista, será examinada después. Mientras tanto, después de la corta vida de David Stephen como el árabe que fue asaltado y al que dejaron morir en el desierto, lo encontramos planeando para una vida pasada en la era Victoriana. Hay aspectos inusuales en este reporte maravillosamente específico. Comienza con alrededor de una docena de opciones que son rápidamente reducidas a tres. También se encuentra teniendo vistas previas de estas vidas no sólo con su guía Gendar, pero también en conjunto con varias de sus almas gemelas más cercanas. Esto muestra un elemento claro de la planeación grupal también. Entendiblemente, dada la situación, se refiere a ellos por sus nombres espirituales en vez de por sus nombres terrestres:

Estamos los tres aquí. Eso es inusual, son con quienes estaré trabajando. Hay muchas pantallas alrededor y son muy fluidas, y sé que puedo entrar en ellas en cualquier momento. Es interesante, con tan sólo tocar la pantalla obtienes un sabor de la vida de la persona. Puedes algo así como brincar en ella.
¿Estas son vidas futuras?
Sí, son bastantes vidas. Quizás una docena. Rápidamente quitamos varias de ellas y ahora hay tres. Estoy con Marcus y Zendos. Mi guía Gendar está allí también, y se mueve hacia una vida en particular. Oh, es una vida en la Inglaterra Victoriana como una mujer de clase alta. Sé que esa es la que escogeré. Son las contradicciones en ella. Es el privilegio y al mismo tiempo el dolor de perder a un hijo en el parto y casi morir, y luego el no ser capaz de tener hijos después.
¿De qué manera te será esto de ayuda?
No es sólo para mí, es para Marcus también.
¿De qué forma le ayudaría?
Es sobre lidiar con la pérdida, sobre lidiar con el duelo, sobre si nuestra relación puede sobrevivir una experiencia como esa. Lo que aprendemos sobre nuestra propia habilidad de perdonar, de soltar.
¿Estarán otros miembros del grupo de almas involucrados con este aspecto de tu vida?
Usualmente Marcus toma un rol firme en mis vidas. Tenemos un acuerdo para tener roles similares. Marcus será mi esposo. Me doy cuenta que otro aspecto que tiene que ver con Marcus es el trabajar con sus necesidades sexuales, porque no puedo ni quiero tener sexo después de que el niño muere. Así que un gran reto para él será cómo puede hacer frente a eso, de estar en una relación joven y amorosa a tener que lidiar con este trauma.

Luego prosigue a discutir el rol que Zantos, otra alma gemela, desempeñará. No sólo acepta el tener una vida altruista en la cual él es el bebé que nace muerto, pero parece que después encarnará rápidamente como un huérfano al cual David cuida:

Y el niño, ¿Sabes quién será?
Sí, será Zantos, él vendrá también a esta vida.
¿Qué ganarán los otros miembros de tu grupo de almas con sus experiencias?
Para Zantos es más sobre lo que puede dar que sobre lo que puede ganar de esa vida. Él tiene sus propios problemas para trabajar, particularmente alrededor del enojo, pero él estará trabajando como un sanador y necesita traerlo a la forma corporal. Yo apoyo a un orfanatorio en mis últimos años y lo apoyo a él en esa vida. Para Marcus es sobre rechazo e intimidad. Es como que necesitásemos de esto para realmente empujarnos y ver si podemos sobrevivir algo tan escandaloso para nosotros y aún hacer lo que necesitamos hacer.
¿Comentas esto con tu guía espiritual?
Sí, bastante. Él es una parte integral de nuestros diálogos.
¿Hay algún aspecto que ajustas?
No, todo se ve bien. Tiene todos los desenlaces posibles, en particular la muerte del niño.

PLANEACIÓN CON LOS SABIOS

Como discutido previamente, estos son espíritus evolucionados que no tienen necesidad de reencarnar y que normalmente ofrecen un nivel más profundo de conocimiento y perspectiva que los guías espirituales. Se encuentran grupos, frecuentemente llamados "consejo" y usualmente asisten en la planeación de la siguiente vida y en el repaso final antes de la encarnación. Algunos sujetos parecen sentirse cómodos al percibirlos en su forma normal de energía, mientras otros prefieren percibirlos adoptando una apariencia semi-humana. En este caso el género puede ser tanto masculino como femenino. Frecuentemente utilizan ornamentos que tienen un significado simbólico para el alma frente a ellos.

Los sujetos que se encuentran con sus sabios dos veces en una sesión encontraron que la composición del consejo era la misma. No obstante, parece que puede cambiar de un entre-vidas al otro. Por otro lado, Newton enfatiza que la composición del consejo es diferente para cada miembro de un grupo de almas dado. Aunque no hay información de esta investigación para confirmar esto, es consistente con cómo operan los sabios.

A pesar de su conocimiento previo mínimo, Nicola Barnard (la víctima del terremoto) proporciona un fino reporte de su reunión de planeación. Al final ella cambia su expectativa inicial de que ella tendrá que tomar decisiones:

> En este lugar se han de hacer elecciones. Decisiones sobre cómo será en esta ocasión. Hay probablemente sólo tres, cuatro o cinco de estos seres de luz y están apoyando las elecciones que se hacen... Son muy sabios... Me siento un poco asombrada. Hay una sensación de que ellos saben tanto. Y son muy, pero muy amables, enormemente compasivos... Hay una sensación de encontrar lo que aún se necesita hacer y lo que se ha de experimentar. Todo es en torno a la experiencia y el experimentar... Saben todo sobre tus vidas pasadas, esa es una de las cosas que son asombrosas de ellos... Es como una clase de consejo... No siento que haya de hecho opciones, siento meramente que seré una niña... Me dicen que necesito mantenerme a salvo. Cuando sea pequeña, no creeré que estoy a salvo, pero lo estaré. Pienso que eso es lo que ellos quieren que sepa.

Liz Kendry es de alguna forma única en que ella es uno de los pocos sujetos en experimentar tanto un repaso como una reunión de planeación con sus sabios, por separado. Ella confirma que en ambas ocasiones la composición del consejo es la misma y que ella primariamente se comunica con la misma figura central. Esta reunión no cubre sus problemas repetitivos con su pareja de alma, Charles, en cambio se concentra en otros aspectos de su aprendizaje emocional para la vida que viene:

> Desgloso mi próxima vida, y las metas que pretendo cumplir, y el propósito del grupo de almas, y hablo con el sobre la selección del cuerpo... Habrá algunos otros desafíos de vida que ellos serán capaces de darme, y mi guía espiritual será capaz de ayudarme a superar algunos de ellos... Tiene que ver conmigo y el que diga lo que pienso en vez de escudar a la gente... Así que en vez de ahorrarle sentimientos a la gente, tendré que considerar mis propios sentimientos primero... Habrá ocasiones tales como relaciones que tendré en el camino que serán pruebas, no serán buenas, y en vez de quedarme con ellos y tomar el dolor emocional que conllevan, tengo que hablar sin reservas... Habrá una ocasión cuando soy joven y algunos hombres intentarán meterme al coche y tendré que ser fuerte y decir no. Hay otros ejemplos, como amistades y amigos que pueden ser un poco abusivos hacia mí, o insensibles en la forma en la que me hablan. Puede ocurrir sólo ocasionalmente y la mayoría del tiempo esas amistades serán bastante congruentes. Debo evitar anular el daño que hay ahí. Hay algo que tiene que ser dicho. Habrán muchas pruebas a lo largo del camino hasta que finalmente lo entienda... Estos son nuevos aprendizajes para mí.

Liam Thompson es también único en que se encuentra con sus sabios para planear su vida siguiente antes de su reunión de

Planeando la Vida Siguiente

planeación con su grupo de almas y la vista previa de su vida. Esta reunión termina siendo algo más como una discusión general en su progreso y problemas. Encontramos ahora que al igual que se entrena como un sanador, es también casi un guía, a pesar de sus problemas con el suicidio. El asunto con sus problemas repetitivos que le causan el quedarse atrás en relación a su grupo de almas también se discute. Aunque expresa un tanto de preocupación preliminar sobre la reunión, como de costumbre, encontramos que los sabios adoptan una actitud balanceada y amorosa. Él se refiere a los sabios como personas superiores:

¿Adónde vas luego?
Es como una catedral. Una catedral de aprendizaje, con cristal brillante. Todo brilla y centellea.
¿Hay alguien contigo?
Creo que estoy sola en este punto. Voy a discutir sobre algo importante.
¿Con quién es que vas a discutir esto importante?
Es como un consejo de personas superiores. Ellos son mi consejo. Puedo ver a cinco de ellos.
¿Está contigo tu guía espiritual?
Detrás de mí. Simplemente se quita del paso. Él es un observador, para que podamos discutir con mayor detalle posteriormente. Él está haciendo esto por mí porque sabe que necesito escucharlo. Seré presionado ahora.
¿Están los miembros del consejo en forma de energía o en forma humana?
En forma humana.
¿Percibes que alguno de ellos sea más prominente que los otros?
Sí. Él viste una túnica de un púrpura muy oscuro. Está calvo, salvo los lados, cubiertos de blanco. Es bastante pequeño y rechoncho. Su nariz es bastante grande sobre su cara, sus ojos

son muy penetrantes. No obtengo la impresión de algún color, sólo que ellos poseen una gran sabiduría.
Dime qué ocurre entre ustedes.
Él me está alentando en el ser único y me habla sobre mi habilidad. Me dice sobre dónde están los miembros de mi grupo de almas en su desarrollo. Dice que todos están progresando muy bien, pero desafortunadamente los estoy manteniendo atrás. Así que me dice que necesito seleccionar mi vida siguiente y que necesito seleccionarla pronto. De otro modo, no podré ponerme al corriente. Es eso, o él me da la opción de quedarme atrás. No estamos forzados a hacer nada.
¿Qué implicaría eso?
Ir a otro grupo. Un grupo mucho menos desarrollado. Estoy prácticamente en un nivel de guía, por lo que no quiero quedarme atrás.
¿Qué más discuten contigo?
Me dicen que dos de los miembros de mi grupo de almas, las dos personas a las que he reconocido ya, han acordado el volver. Hay otro par, pero no los he conocido aún.
¿Te dicen cuál será el propósito de esta vida?
Necesito ayudar a mucha más gente también, y dejar de ser complaciente conmigo. Soy un alma que se preocupa, a quien le importa mucho. Todos somos así en mi grupo de almas. También necesito encontrar mi propia felicidad dentro de mí, antes de que pueda encontrarla con cualquier otra persona. Siempre busco a alguien más para llenar el vacío que necesita ser llenado por mí primero.

Las últimas palabras sabias son algo de lo que todos podemos aprender. Liam también enfatiza el punto hecho por Jack Hammond previamente en este capítulo sobre que no estamos para nada forzados a reencarnar. También reporta por separado que "nuestros guías saben cuando es hora, y nos sentimos azogados, y no nos hacen regresar, pero nos motivan a hacerlo mostrándonos los beneficios".

Como de costumbre, Verónica Perry, con un mínimo conocimiento previo, proporciona un relato detallado del encuentro con sus sabios antes de su encarnación anterior como un huérfano. Parece ser relativamente informal y diseñada para proveer la máxima motivación y apoyo, ya que esa será una vida muy difícil:

> Hemos acordado la vida que tendré a continuación y mi guía espiritual y yo vamos a hablar con el consejo de sabios al respecto.
> *Simplemente describe la apariencia del lugar.*
> Este es otro domo, pero mucho más grande. Está todo hecho de luz pero se ve como mármol. Siento a doce energías.
> *¿En qué posición se encuentran en relación a ti?*
> Están más arriba frente a mí. Siempre me siento tan pequeña. Están parados sobre, um, es como un gran escalón que sale hasta la mitad alrededor del domo... Mi guía espiritual y yo estamos parados juntos.
> *¿Qué puedes ver?*
> Aunque ellos están en forma humana ellos son mucho más largos, altos, e irradian cierta luz. Hay unas sillas con un alto soporte y hay una mesa muy larga. Ellos no se sientan ahí hoy.
> *¿Percibes que alguno de los sabios es más prominente que los otros?*
> Sí, hay uno más adelante.
> *Mira más de cerca de su rostro y descríbemelo.*
> Es un rostro muy gentil y las características no son prominentes. Es como la mitad en forma de luz y la mitad en forma humana.
> *Date cuenta de cualquier ornamento o cualquier cosa que te sea mostrada.*

Hay un bastón. Se ve como una madera muy suave pero tiene un cristal muy brillante y grande en la parte superior.
¿Cuál es el significado para ti del bastón con el cristal en la parte superior?
Es un signo de jerarquía, pero su suavidad muestra que también es un amigable y compasivo, um, liderazgo.
¿Se comunica contigo?
Este sabio ha tomado una forma vagamente femenina y ella me dice que está satisfecha sobre mi elección.
¿Cómo sabía este sabio sobre tu elección?
Tienden a saber de todos modos. Todos estamos conectados.
¿Te dicen algo más?
Es muy informal y me dicen que generalmente están satisfechos con el trabajo que se hace, y que están contentos de que haya disfrutado la última vida. Ellos saben que fue una elección muy difícil para la vida siguiente pero hay muchas almas a las que se les pide hacer estas elecciones difíciles.

En la sección anterior se habló sobre el repaso de las opciones de David Stephens antes de tener su próxima vida pasada como una mujer en la Inglaterra Victoriana. Cuando se le preguntó si tenía que encontrarse con los "espíritus de luz", quienes planean las nuevas vidas, dijo "no, lo hemos discutido ya suficiente". Solamente para ilustrar la flexibilidad de la experiencia entre-vidas, se le dice que "vaya a otro punto entre vidas en el cual te encuentres con los espíritus de luz que hacen los chequeos finales", y cambia a un entre-vidas completamente distinto. En esta ocasión se encuentra reunido con "sabios" que no son sus sabios normales, antes de una vida pasada hace algún tiempo en Grecia. En total contraste con Verónica, encontramos que en este punto él ha tenido una sucesión de vidas difíciles porque ha estado ansioso de adquirir experiencia tan rápido como posible. Así que en esta ocasión se le ofrece una fácil como una clase de "vacación", aunque parece que él comienza a protestar que no lo merece:

Esto es hace mucho tiempo, esto es antes de mi vida en Grecia, y será una vida maravillosa de muchas maneras. No sin sus retos, pero con mucho amor y entendimiento espiritual en ella... Siento como si no la mereciera. He estado siguiendo una secuencia de vidas difíciles porque quiero realmente profundizar rápidamente mi entendimiento de lo que soy. Siento que la manera de hacerlo es teniendo vidas difíciles y desafiantes pero esta fue elegida para mí, casi como unas vacaciones. Estoy diciendo que no la merezco, pero ellos me dicen "te la has ganado y profundizarás tu entendimiento de ti mismo".

Recapitulaciones, Recordatorios y Disparadores

Una de las ideas propuestas por los clientes de Newton es que las almas se reúnen para una sesión final de recapitulacion en la cual se acordarán deciertos disparadores que les ayudarán a reconocerse los unos a los otros de vuelta en los reinos terrestres. Esta es una instancia específica de la idea más general de hacer planes con nuestro grupo de almas que ya hemos discutido, y un número de sujetos lo corrobora. Por ejemplo, Nadine Castelle reporta brevemente sobre el siguiente intercambio durante su reunión inicial con su grupo de almas:

Hablamos de que cuando volvamos a la vida siguiente todos nos reconoceremos los unos a los otros pero en maneras diferentes.

La idea específica de una recapitulación está insinuada de manera más marcada por Liz Kendry, quien reporta brevemente sobre otras discusiones con su grupo de almas que ocurren antes de que se encuentre con sus sabios:

> Simplemente nos juntamos para hablar sobre quién es quién, las inter-relaciones y la sincronización.

En contraste, Marta Petersen reporta discusiones con otra alma que no es de su grupo pero será su esposo en la vida venidera. En este caso él específicamente proyecta el cuerpo que tendrá cuando ella lo encuentre, probablemente como una ayuda bastante efectiva para que ella lo reconozca:

> Me encuentro con otra alma. Él será mi futuro esposo y se muestra en el cuerpo en el que lo conoceré.
> *Descríbemelo.*
> El es alto como yo. Es el hombre que conocí cuando tenía dieciocho. Él es de otro grupo. Tenemos un gran entendimiento mutuo, hemos trabajado juntos antes. Él dice que no he de tener miedo de extrañarlo, porque él estará aferrado cuando me conozca. Sólo será mi esposo por un corto tiempo, porque tiene otro propósito para su vida.
> *¿Él cómo te ayudará?*
> Me confortará cuando me sienta más sola y dejará muchas cosas por mí, pero también me desafiará.

En tiempo real, Marta se dio cuenta de quién es la persona y la había ya conocido, pero no son aún una pareja y mucho menos están casados. Esto levanta la pregunta interesante de si esto habrá influenciado sus futuras decisiones de vida. De cualquier forma, dado el bloqueo sobre información futura que se ha encontrado antes, puede ser seguro que no habría sido ella capaz de recordar esta parte de la experiencia a menos que le fuera útil de alguna forma.

Liam Thompson tiene el recuerdo de planeación más completo de todos los sujetos. Tiene una reunión de planeación con sus sabios, luego se ve con su grupo de almas y luego tiene la vista previa de su vida. Finalmente tiene una discusión de recapitulación con otras almas tanto de su grupo como de fuera. Lo que viene es una excelente y detallada descripción del proceso:

> Estoy simplemente repasando más eventos importantes en mi vida con mi grupo de almas para que sepa que cuando los encuentre, son ellos personas de mi grupo. Mi guía también me está mostrando a otras personas que estarán en mi vida, de otros grupos. Puedo asistirlos.
>
> *Dime, ¿Quién te es mostrado?*
> Mi abuela, mi abuelo y alguien que será una gran curva de aprendizaje en mi vida. Heather será la primer relación verdadera en mi vida. Ya se ha terminado de cualquier forma. Se terminó hace ya tiempo. Ella me ayuda a ir a la universidad porque necesito que se me de la fuerza y la confianza de vivir lejos de mi familia. Ella me apoya para hacer mis exámenes del bachiller y me ayuda a entrar a la universidad. Vamos a ser muy cercanos.
>
> *¿Hay algo más que se te permita saber?*
> Hmm. Va a ser muy difícil cuando nos separemos. Al mismo tiempo, yo la estoy asistiendo también. Es un proceso bidireccional. Yo le ayudo a crecer. Ella es muy ingenua y en la misma clase de posición en la que yo estoy. Ella se da por vencida fácilmente. Es por eso que fuimos reunidos. Ella ha estado en mi vida antes. No en la más reciente, sino algunas antes de esa. Yo era su padre, tratando de ayudarla a crecer también. Ella siempre será la niña.

¿Has terminado ya con esta reunión?
Hay mucha gente alrededor y yo simplemente repaso a todos los que tendrán un gran impacto en mi vida. Muchas personas a quienes me abriré y quienes hacen lo mismo conmigo. Es como telepatía, pero es más que eso. Estoy expresando todo y ellos están expresando todo. Lecciones, cosas que necesito aprender, cosas en las cuales necesito trabajar. Es como una breve visión en conjunto de lo que vendrá. Hay muchas personas a quienes ayudaré.

Claramente Liam está cambiando entre el tiempo original y el tiempo real en este extracto, tal como lo hacía durante su vista previa de vida. Su descripción parece ser mucho más profunda que el simplemente recontar cosas que ya sabe. Por ejemplo, reconoce que ha estado con Heather en una vida pasada, a pesar de no ser esta la más reciente.

Lisbet Halvorsen describe que se le permite el acceso privilegiado a una biblioteca de libros de vidas. Éstos le permiten a ella tener el acceso a las opciones de vidas futuras de otras personas. La razón para esto es que ella está aprendiendo cómo asistir en la planeación de sus vidas:

Puedo abrir la puerta de en medio y es la más grande. Está curveada y dentro hay muchos pergaminos. Parece una gran biblioteca, con pergaminos para cada alma.
¿Cómo lucen los pergaminos?
Están enrollados, pero cuando los abres, ves todo como una película y obtienes toda la información que necesitas de cada alma. Todas las vidas que ha tenido, dónde está ahora y cómo está progresando.
¿Qué vienes a hacer aquí?
Es como que se me permitiese entrar y ver los pergaminos. Estoy investigando y aprendiendo sobre cómo funcionan.

¿Has estado antes aquí?
He estado aquí algunas veces y es un gran honor. Ellos confían en mí cuando hago esto y estoy entusiasmada y emocionada. Voy a planear vidas, ver cómo las cosas funcionan juntas y hacer correspondencias.
¿Cómo ayudará este conocimiento?
El ver hacia adónde se dirigen las personas y las cosas y qué almas necesitan aprender de acuerdo a lo que han estado haciendo. Así que leo el archivo y veo de qué carecen. Qué sería bueno hacer a continuación y quién quiere trabajar con quién.
¿Cómo haces esto?
La gente es acomodada en grupos diferentes, para que puedas decir quiénes pueden ir juntos. Ellos están en grupos de almas, pero lo que es más difícil es trabajar con grupos más grandes y cómo un gran grupo pueden trabajar juntos. Ver si tienen un plan y cómo éste encaja con el gran plan.
¿Hay muchas posibilidades?
Sí. Se trata de ver un todo y ver qué es mejor para todos puedan aprender lo que necesitan. Pienso en ello, luego veo una solución y veo si es buena o mala. Luego quizás no tome esa, luego tomo otra y pienso en ella y digo "Sí, eso estará bien". Es un poco difícil, así que quizás estoy solamente en el proceso de aprendizaje para hacer esto.

Este es un excelente y detallado relato y todo lo que se podría agregar sería que para la mente humana, la descripción de esta planeación "un poco difícil" es una subestimación.

Antes de dejar este capítulo vale la pena enfatizar que la regresión entre-vidas es más que un viaje espiritual. El tocar las energías y sabiduría de los sabios tiene un efecto profundo y duradero en las personas. El tener un significado y un propósito en la vida es un recurso psicológico muy poderoso.

7

Dinámicas Kármicas

*Esta tierra no se encuentra ni al principio
ni al final de tu existencia.
Es simplemente un paso, un salón de clases.*
Emmanuel, canalizado a través del médium Pat Rodegast.

En este punto es útil el reunir aspectos de karma de algunos de los capítulos previos y ponerlos en contexto. Es de particular importancia el por qué reencarnar y lo que significa para nosotros en nuestra vida cotidiana.

Aprendizaje, Experiencia y Crecimiento

Las ideas tradicionales de karma como un proceso de "acción" y "reacción", "pagar deudas" o "cosechar lo que siembras" son simplemente una visión a nivel superficial. Es entendible el llegar a la conclusión de que si alguien expide violencia en su vida actual, inevitablemente obtendrán violencia dirigida de vuelta. Se atrae de vuelta lo que se emite al mundo. También puede parecer que un alma exhibiendo un patrón de ser una víctima a lo largo de muchas vidas está pagando deudas por alguna ofensa en una vida pasada. Sin embargo, el entre-vidas nos permite el ver estas situaciones de una manera diferente y más flexible.

Hemos ya visto que nuestros sujetos se refieren repetidamente a ideas sobre aprendizaje, experiencia y crecimiento, y esto es quizás mejor ilustrado por el comentario de Nicola Barnard que dice:

> Todo es sobre la experiencia y aprendizaje.

El problema repetitivo de suicidio de Liam Thompson se ha revisado con cierta extensión. Él mismo indica que esto es aún parte de su aprendizaje y crecimiento, incluso si es una lección con la cual está lidiando. Es también difícil ver cómo pudo haber cualquier elemento de reacción o de pago de deudas en su sucesión de vidas suicidas. Tampoco su guía espiritual habla sobre ello en estos términos. Él meramente se enfrenta a situaciones similares para ver si aprenderá a no tomar la salida fácil:

> Me está preguntando por qué siempre tomo la salida fácil. Tengo un problema con el enfrentarme con problemas… No me enojo, pero él necesita entender que necesito una vida más fácil ahora. Estoy cansado de hacer estas tan difíciles… Él me dice que necesito dejar de pensar tanto en las cosas. Necesito simplemente aprender a vivir.

Un número de los sujetos se enfrentó a problemas repetitivos similares. Por ejemplo, al final de su repaso con los sabios, Liz Kendry, sin instigación, reveló que su problema era el darse por vencida después de la muerte de su esposo:

> Ha pasado antes… Tres veces… Siempre se muere mi esposo, y luego siento que no hay vida después… Me darán más ayuda la próxima vez… Se me permitirá saber, a través de otras personas o mi propia consciencia, que no morimos cuando

nuestros cuerpos mueren, de modo que no sienta esa pérdida como lo he hecho en vidas pasadas.

También discutió cómo ella y su alma gemela hicieron planes para ayudarle a romper este patrón en su vida actual. De hecho, esta misma alma ha desempeñado el papel de su esposa en cada una de las vidas pasadas en las cuales ella se ha enfrentado a este problema. El ejemplo final es Jack Hammond, cuyo problema también concierne la forma en la que trata a otras personas. En medio de su repaso con los sabios, el también revela que esta es una lección en la cual ha estado trabajando a lo largo de varias vidas:

> Siento que, aún buscando una mejor palabra, hay desaprobación porque sí tuve oportunidades e hice lo que había hecho antes en otras vidas. Desaprobación es quizás una palabra demasiado fuerte.

No hay evidencia en esta investigación de que las almas menos experimentadas sean tratadas de manera diferente a las experimentadas, aunque algunos podrán no escuchar el consejo ofrecido. Todos los sujetos reportaron que obtuvieron ayuda de su guía espiritual y sabios para su aprendizaje y su crecimiento espiritual.

El Rol del Libre Albedrío

Este es un momento apropiado para repasar el libre albedrío en el contexto del aprendizaje. Hemos visto que eventos clave en el plan de vida pueden ser discutidos y acordados entre miembros del grupo de almas, incluyendo los diferentes roles que tomarán. Esto incluye disparadores pre-acordados que en un nivel inconsciente en nuestra existencia humana nos obligan a estar atraídos hacia ciertas personas y actividades. Finalmente el plan de vida se repasa con los sabios y su sabiduría extra añadida, incluyendo el tomar en cuenta los planes de vida de otras almas. Cuando efectivamente encarnamos, de acuerdo a Marta Petersen, "los guías espirituales pueden dar a la gente ideas y motivarlos a ser fieles al plan de vida en cualquier momento". Entendiblemente puede parecer que nuestras vidas están completamente fijas y predeterminadas.

No obstante, a un nivel de almas, no hay plan de vida que sea forzado a ningún alma. Como reportó Liam Thompson, "no estamos obligados a hacer nada". Un alma puede permanecer en los reinos de los espíritus en vez de encarnar y continuar el aprendizaje desde allí. Sin embargo, como Jack Hammond comenta sobre la renuencia hacia aceptar un plan de vida, "nos sentimos intranquilos y nuestro guía espiritual nos alienta mostrándonos los beneficios". Recordaremos a David Stephens, quien estaba renuente incluso a aceptar el plan de vida que era "como una vacación" después de una serie de "vidas difíciles". Los sabios explicaron que le ayudaría a "profundizar su entendimiento de sí mismo". De los otros sujetos en el último capítulo, muchos tuvieron múltiples opciones de vidas con diferentes grados de dificultad. Todo esto confirma la cantidad de libre albedrío que nuestras almas tienen para aceptar cualquier plan de vida.

Por supuesto en la existencia humana nuestra mente consciente gusta de pensar que tenemos libre albedrío sobre todo. En efecto lo tiene, sobre muchas cosas, pero la evidencia entrevidas muestra que los eventos clave de nuestro plan de vida tienen una mayor probabilidad de ocurrir. Como Liz Kendry reportó, "Habrá ocasiones tales como relaciones que tendré a lo largo del camino que serán una prueba y no serán buenas. En vez de quedarme en ellas y llevarme el dolor emocional que conllevan, he de hablar sin reservas". Tenemos un libre albedrío para responder a nuestro plan de vida, para prolongar el sufrimiento o completar nuestro aprendizaje. Como Liz continua, "Habrá muchas pruebas a lo largo del camino hasta que finalmente lo comprenda".

Lecciones Emocionales y Habilidades Especiales

Parece haber dos temas amplios de aprendizaje sobre los cuales un alma puede trabajar, tanto como individuo como en grupos. El primero es el desarrollo de una habilidad especial, tal como convertirse en un sanador, un maestro o un guía espiritual. El segundo es aprender habilidades emocionales que involucren el experimentar ambos lados de diferentes emociones. Hay un número a ser aprendidas, tal como el tomar responsabilidad, el ser amado, el tener poder y el ser una víctima. Todas las emociones han de ser cubiertas. Así que, por ejemplo, en una vida, un alma puede tener que usar la emoción del enojo y estar en contacto con ella. Luego en otra puede tener enojo dirigido hacia ella por otro. El experimentar las emociones de esas perspectivas diferentes continúa hasta que la lección es aprendida.

Ninguno de los pioneros parece hacer una distinción apropiada entre estos dos tipos de temas del alma. Se podría asumir que las almas menos experimentadas trabajan en lecciones emocionales, mientras las maduras trabajan en habilidades más especiales. Una inspección cercana de la evidencia sugiere que esto sería incorrecto, ya que al menos algunas almas experimentadas parecen estar tratando ambos temas simultáneamente.

Las tres opciones de vida de Verónica Perry es un ejemplo de esto. Su primera opción es quedarse en forma espiritual trabajando en la matriz de energía que rodea a la tierra:

> Esto es para continuar canalizando energías pero en forma espiritual y sobre la tierra. Se me muestra algo como una red.

Una red donde cada punto es un ser de luz y todos están conectados y combinando energía, y puedo ir y unirme a ellos.

Esto parecería indicar una habilidad especial más que una lección emocional. No obstante, otra opción que tenía era el seguir trabajando en la lección emocional de la paciencia, lo cual claramente muestra que los dos temas se superponen:

> Esta segunda es donde puedo continuar con mis aprendizajes en paciencia. No se me da mucha información de esa vida porque es una vida en la cual tengo que aprender.

Marta Petersen, después de su muerte como una judía en la Segunda Guerra Mundial, parece representar una mezcla similar. Cuando ella está considerando sus opciones de vida actuales tiene aún muchas lecciones en las que quiere trabajar, incluyendo "ser mejor en el control emocional". Aún así, apenas después la encontramos en un salón de clases con ocho estudiantes y ella parece estar entrenándose para ser una maestra:

> Me gusta trabajar hablando sobre la experiencia que he tenido en una de mis vidas y discutiéndola con los estudiantes. Luego ellos dan su visión de lo que ellos habrían hecho en esa situación y hablamos sobre elecciones y demás.

Nos movemos hacia Liam Thompson, quien está aún trabajando en su problema de suicidio repetitivo. Él está entrenando para ser un sanador como su habilidad especial junto con su grupo y está también casi en nivel de guía:

> Están creando con su energía. Todos son sanadores. Yo soy sanador también.

El sujeto que más luz arroja sobre la mezcla de habilidades emocionales y especiales es Wendy Simpson, quien en la vida pasada era un viejo hombre en el desierto. Una de las lecciones personales en la cual ella ha estado repetidamente trabajando es su forma de tratar a otros. Después de su repaso con los sabios y a pesar de su conocimiento mínimo sobre el entre-vidas, ella describe el reunirse de nuevo con su grupo de almas. Aquí ella hablar sobre las habilidades especiales en las cuales están trabajando juntos:

> Aparte de las lecciones que estamos experimentando, este grupo tiene otras cosas que hacer. Es sobre la comunicación. Nosotros estamos trabajando con energías de luz y usando el sonido y la vibración. En nuestras vidas físicas todos intentamos ayudar a otras personas con hierbas, aceites, sanación e incluso sólo al caminar de un lugar a otro y comunicándonos con ellos.

Es claro que el grupo entero de Wendy está trabajando en lecciones emocionales y en habilidades especiales al mismo tiempo.

Vidas Altruistas

Tanto Newton como Cannon usan el término "vidas de relleno" cuando un cliente habla sobre una vida no necesaria para su propio aprendizaje. Éstas son normalmente de relativamente corta duración y su objetivo primario es asistir en el desarrollo kármico de otras almas en vez del propio. Una descripción apenas más precisa es el llamarles vidas altruistas.

   Un buen ejemplo de esto viene de Marta Petersen, quien regresa a una vida pasada como una pequeña niña judía en la Segunda Guerra Mundial. Cuando soldados alemanes llegan para llevarse a sus padres, su padre insiste en que ella debe quedarse y esconderse. Ella hace esto, pero después de algunos días es descubierta y termina en el mismo tren que sus padres. Ella es llevada a las cámaras de gas y muere en los brazos de su madre.

En su repaso con su guía espiritual encontramos curiosamente que su perspectiva de alma en esta vida aparentemente trágica no fue demasiado difícil:

> No tenemos mucho que hablar porque esta vida fue muy corta y yo estaba ahí por otra persona. Así que hice lo que debía hacer.
> *¿Y qué fue eso?*
> Iba a asistir a Tina [su madre en esa vida].
> *¿Y cómo le asististe?*
> Ella tiene un problema con armonizar su propia energía y es afectada por los demás. Así que estaba ahí para recordarle que enfocara su energía y para estar con ella en el momento de su muerte. Cuando ella me miró a los ojos y sintió mi energía fue recordó de esa energía que ella debería intentar tener.
> *¿Fue algo que habían planeado con antelación?*
> Sí, y las armonías del piano también le ayudaron. Trabajamos mucho con armonías musicales.
> *¿Qué otra clase de cosas estás repasando?*
> Si le asistí lo suficiente y si pude haber hecho un mejor trabajo. Me siento muy satisfecha y creo que él [guía espiritual] está muy satisfecho también. Um. Dice que pude haber ignorado el deseo de mi padre y no haberme escondido e ido al campo de concentración antes con mis padres. Él me pregunta por qué decidí quedarme.
> *¿Qué le dices?*
> Quería darle una oportunidad por sí misma y se sintió como que lo correcto era dejarla. Claro, no estaba consciente de esto

cuando estaba encarnada pero algo me dijo que me escondiera y no fuera con ella.
¿Qué dice tu guía al respecto?
Él dice que fue una decisión interesante.

La descripción de Marta de estar en esa vida "por otra persona" es de vital importancia para entender que esta es una vida altruista en vez de ser para su propio aprendizaje kármico emocional.

8

REGRESANDO A LA ENCARNACIÓN

Nuestro nacer no es más que un dormir y olvidar.
El alma que se eleva con nosotros,
nuestra estrella de vida,
ha tenido en otro sitio su escenario
y viene de lejos.
William Wordsworth.

Selección de Energías, Emociones y Fortalezas

Newton es el único pionero quien propiamente toca la idea de que dejamos una porción de nuestra energía del alma atrás en los reinos de luz cuando reencarnamos. Un punto que él enfatiza es que el alma no se separa por completo porque cada parte retiene la experiencia entera del conjunto. En algunas formas se asemeja a un holograma. Más adelante, propone que las almas más experimentadas necesitan traer menos energía con ellos al reino físico porque su energía está generalmente más "concentrada" o "potente". Por lo que él sugiere que, mientras el alma promedio podrá traer entre un 50 y 70 porciento, un alma experimentada podrá traer tan poco como un 25 porciento. Finalmente, hace el punto de que una vez que este nivel de energía ha sido acordado en los reinos de luz, no puede ser "rellenado" una vez que el alma ha encarnado.

Generalmente hablando los sujetos parecen corroborar la investigación de Newton. La cantidad de energía traída a la encarnación es un compromiso. Si se trae demasiada, la perspectiva del alma simplemente abrumaría al sistema nervioso humano y podría resultar en que la persona no se pudiera involucrar por completo en la experiencia humana. Por otra parte, si se trae muy poco para una vida difícil, el riesgo es una falla del plan de vida. De cualquier modo, encontraremos que en ocasiones las almas son capaces de extraer un poco de reservas de energía de su propio ser superior, grupo de almas o guías espirituales en una crisis.

Las almas menos experimentadas regularmente subestimarán la cantidad necesaria de energía que necesitarán para la encarnación, a veces incluso ignorando el consejo de sus sabios en la materia. ¿Por qué pasaría esto? Una respuesta es que, mientras mayor sea el nivel de energía dejado atrás, más activa puede ser en los reinos de luz. No sólo puede continuar interactuando con otros miembros del grupo de almas, sino también, si la energía es suficientemente alta, puede continuar con otros varios aspectos de aprendizaje y experiencia en los reinos de luz, haciendo así que se acelere el desarrollo del alma.

Hay otro aspecto que ninguno de los pioneros ha identificado. Las almas también pueden seleccionar los niveles de emociones específicas con las que han estado trabajando previamente que ellos quieren traer a la encarnación de nuevo. También pueden escoger el tomar fortalezas particulares de sus vidas pasadas con ellos, para ayudarles a enfrentar pruebas específicas. Todo el nivel de energía y emociones específicas y fortalezas de vidas pasadas vienen juntas en un a interacción compleja. En ocasiones los sujetos reportan que se ha trabajado para ellos como un "paquete". Cuando ellos tienen efectivamente un involucramiento en su selección, usualmente hablan sobre sus opciones con su guía espiritual antes de que sus sabios repasen su elección. Liam Thomson reporta con sus sabios que estará llevando 75 porciento de su energía del alma. Asumiendo que es un alma razonablemente experimentada porque está casi a nivel de guía, esto muestra cuánta ayuda se necesita para romper su actual problema del patrón repetitivo de suicidio:

¿Qué nivel de energía del alma estarás llevando contigo en esta vida?
Mucha. Setenta porciento, setenta y cinco porciento. Siempre llevo muy poco.
¿Cómo te ayudará eso en esta vida?
Me ayudará a reconocer mi intuición apropiadamente. Me ayudará a obtener una mejor fuerza personal. Mi guía espiritual estará ahí para ayudar. Necesito estar calmado y centrado y los sentimientos vendrán.

La narrativa luego se mueve hacia las emociones que está llevando que fueron decididas para él:

¿Hay alguna emoción negativa que te estés llevando de otras vidas?
Enojo.
¿Y qué porcentaje estás llevando?
Sólo una pequeña cantidad. Está por debajo de la superficie. Algo que ha de ser trabajado.
¿Hay acaso otras emociones negativas que lleves contigo?
Envidia. Ha sido por un número de vidas.
En tu última vida tuviste mucho resentimiento. ¿Te llevarás algo de es contigo hacia esta nueva vida?
Hmm. No realmente, porque mi mamá y mi papá en esta vida no son mi mamá y papá de la anterior.

¿Tuviste alguna opción sobre estas emociones negativas que te llevas?
Han sido elegidas para mí. He de trabajar en estas.

Jack Hammond también se enfrenta a una vida difícil con el gen Maori para ayudarle a superar su problema repetitivo de ser solitario. Previamente él había ignorado el consejo que le fue dado y no llevó consigo suficiente energía del alma. No es sorpresivo que tome una porción alta de 80 por ciento de su energía del alma. Él también reporta que el 20 por ciento de su energía del alma que permanece en los reinos de luz seguirá razonablemente activa. Esto se extiende a que él sea capaz de devolver el cumplido de la broma que sus almas gemelas le jugaron a su regreso:

No tomé suficiente la última vez.
¿Fue tu decisión?
Fue mi decisión y he sido arrogante antes. Quizás pensaba que estaba más iluminado de lo que realmente estaba.
¿Qué porcentaje acuerdas finalmente en llevar?
Ochenta por ciento.
¿Y qué piensa Garth al respecto?
Está asintiendo con la cabeza.
Y sobre el veinte por ciento que se queda, ¿Qué estará haciendo?
Seré parte del comité de bienvenida, o grupo de bienvenida, para estar ahí y encontrarme con las personas cuando vuelvan, [ríe] y para bromear! Um, pero hay aprendizaje que hacer. Veinte por ciento es suficientemente fuerte para tener aprendizaje.
¿Qué aprendizaje estarás teniendo?
Investigación, pero pueden ser cosas bastante discretas.

Liz Kendry también necesita romper un ciclo repetitivo, que para ella es uno de dependencia a su pareja de alma Charles. Después de discusiones detalladas con su guía espiritual, ella acepta el consejo de sus sabios. Ella deberá apenas incrementar el porcentaje de ciertas emociones, tal como la tristeza y soledad en las cuales está trabajando, porque así estará mejor preparada para lidiar con ellas esta vez. No obstante, esto viene con el consejo de incrementar la energía del alma que ha de llevar de 75 a 80 porciento. Ella también provee una excelente reseña de por qué los sabios están en una mejor posición para juzgar la energía que ella requerirá:

> Lo que no sé en absoluto es sobre las otras vidas que estarán interactuando con la mía... Ellos ven el panorama completo. Ellos ven las interacciones de las otras almas con la mía y los otros desafíos que puedo tener y las decisiones que tendré que hacer. Cómo si tomo una decisión sobre otra y me lleva hacia un camino distinto podré necesitar más energía de esa forma.

Mientras tanto, Liz también describe cómo el 20 porciento de su energía que permanece en los reinos de luz puede continuar aprendiendo, al menos de manera modesta:

> Puedo aún trabajar en algunas de las emociones y algunas de las lecciones que he de aprender que pueden no ser tan significantes como las otras que tengo que aprender en la tierra. Así que elijo algunas al menos para observarlas.

Dada la descripción de su alma grupal, el cual está trabajando con la matriz de energía que rodea la tierra, se puede asumir que Laura Harper puede ser un alma razonablemente experimentada quien requerirá un porcentaje menor de su energía. Esto es en efecto lo que ocurre. Ella también comienza el proceso de selección teniendo un detallado diálogo con su guía. Pronto se hace claro que en ella hay un compromiso, entre ella tratando de completar su aprendizaje emocional mientras esté encarnada, y al mismo tiempo, trata de dejar bastante energía del alma atrás para continuar su trabajo energético en los reinos de luz:

¿Discutes qué porcentaje de emociones de esas vidas pasadas llevarás contigo?
Sí. Siento firmemente que tomaré más de lo que ella recomienda.
¿Cuánto llevarás?
¿Emociones sin concluir? Tomaré casi todo. Noventa y cinco por ciento.
¿Qué dice tu guía?
Está moviendo su cabeza. Está diciendo que será muy desafiante, pero dice que ella ayudará y permanecerá cerca.
¿Al tomar ese noventa y cinco por ciento eso significa que puedes limpiar todas estas emociones del camino en una vida?
Eso es lo que estoy determinada a hacer. Siento como si estuviera arrastrándolas como una gran bola y cadena y es hora de liberarme.
¿Tienes alguna discusión sobre el nivel de energía del alma que llevarás contigo?
No sé por qué. ¿Por qué quiero llevar tan poquito?
¿Cuánto llevarás?
Treinta y cinco por ciento.
¿Qué dice tu guía al respecto?
Ella dice que estoy loca.
¿Esto la convertirá en una vida muy difícil?
Ella mueve su cabeza un poco, como "Dios mío".
¿Qué figura propone ella?
Ella cree que debería llevar sesenta.
¿Y cuál es tu decisión final?

Regresando a la Encarnación

Me estoy preguntando a mi misma por qué quiero llevar tan poquito. La respuesta es porque quiero hacer mucho más. Quiero aprender mucho más sobre esta transmisión de luz aquí arriba. Siento que estoy intentando hacer demasiado. He decidido que lo puedo aumentar a cuarenta y cinco.

Luego se entera de lo que sus sabios, piensan sobre estas decisiones:

Me están recordando que me tomará mucho más tiempo hacer el trabajo en mis emociones si tomo tan poca energía. Ellos realmente entienden lo que quiero hacer, el trabajar duro en ambos reinos. Ellos simplemente me están recordando sobre la gentileza, ligereza y descanso. También me están recordando sobre toda la ayuda que está disponible de su parte, y de Iscanara.

Yendo ahora a las fortalezas de las vidas pasadas, habiendo elegido llevar un 70 porciento de su energía del alma porque sentía que era correcto, Katja Eisler reporta que ella de igual forma lleva una clase de consciencia soldado para protegerla:

¿Qué emociones llevas de vidas pasadas?
Una tendencia a la violencia y a la pelea.
¿Qué porcentaje de estas emociones llevas contigo?
Cuarenta porciento.
¿Cuál es el propósito de llevar esta cantidad?
Para protegerme, como una clase de consciencia soldado. No es violencia, es más como una fuerza, una fuerza hacia delante. Es activa y orientada a la estrategia, orientada a las metas, acompañada de una alerta muy alta.

Verónica Perry ilustra los factores que han de ser considerados antes de su traumática vida pasada como una huérfana. El proceso de selección comienza con una negociación con sus sabios sobre su energía del alma:

> Estoy algo así como negociando. *Siento que quiero llevar tanta energía como sea posible porque creo que la necesitaré.*
> *¿En qué figura estás pensando?*
> Quiero llevar noventa por ciento.
> *¿Y qué dicen los sabios al respecto?*
> No están felices con ello.
> *¿Qué es lo que ellos sugieren?*
> Ellos sienten que si me llevo esa cantidad de energía no habría ningún margen para perder ni una fracción.
> *¿Serías capaz de continuar alguna actividad en los reinos espirituales?*
> No, estaría bastante debilitada.
> *¿Qué figura sugieren los sabios?*
> Están sugiriendo cincuenta por ciento.
> *¿Y por qué figura te decides finalmente?*
> Cincuenta y cinco por ciento.

Dada la naturaleza de la vida pasada que enfrentará, parece extraño que los sabios no recomienden una figura mayor. La explicación de Verónica para ello es como sigue:

> Nuestro grupo necesita cierta cantidad de energía que sea sostenida y mantenida en los reinos espirituales para que pueda ser extraída por cualquier miembro en tiempos de necesidad. En ocasiones se manifestará como un espíritu ayudante o guía, y a veces el mandar un poco de energía de manera no presencial.

Este es un punto importante que no cubren los demás. Incluso después de dividir la energía para la encarnación, el plan de vida puede permitir un relleno en una emergencia. Esto también ilustra cómo los sabios están en una mejor posición para juzgar la división de la energía del alma considerando los aspectos más amplios, tal como los requerimientos del grupo de almas. Verónica también indica que el vínculo individual es de igual manera importante:

> No seré capaz de meditar en esa vida pero mientras esté dormida y soñando mi energía del alma será capaz de comunicarse con mi inconsciente como en cualquier otra vida. Será capaz de recordarme la paz y el amor, para que pueda proseguir con esa vida hasta su punto apropiado de finalización.

Verónica estará enfrentando una vida difícil como una huérfana por un propósito altruista más que por su propio aprendizaje, así que es entendible el por qué toda esta ayuda extra le es ofrecida. Conforme continúa la narrativa, no será sorpresivo que ella no llevará consigo ninguna emoción negativa en la cual trabajar; solamente las fortalezas de paz y amor de una vida pasada:

> Esta será una vida muy corta. Se me ofrece energía positiva de vidas pasadas para llevarla conmigo.
> *¿Qué energía puede llevarte?*
> Paz interior de la última vida.
> *¿Qué porcentaje puedes llevar contigo?*
> Puedo llevármelo todo.
> *¿Hay alguna otra energía positiva que te puedas llevar?*
> El amor que sentí en esa vida también.
> *¿Qué porcentaje de esa te puedes llevar?*
> Puedo llevarme tanto como quiera.
> *¿En qué figura estás pensando?*
> Quiero dejar un poco de ello aquí para compartir. Para compartirlo con mi grupo, pero quiero llevar la mitad conmigo porque tengo mi paz interior.

¿Llevarás alguna energía negativa inconclusa contigo?
No. Habrá suficiente para colectar.

EMBARCACIÓN Y CAPAS DE RECUPERACIÓN

Los sujetos están ahora listos para embarcarse en su viaje de regreso al reino físico. Katja Eisler describe la experiencia como: "Un largo túnel que se hace más oscuro al final". Jack Hammond reporta como sigue:

> La palabra "tobogán" viene a la mente, pero no es como cualquier tobogán que yo conozca. Si hiciera de ello un cliché, es como si me estuviera colocando para ser lanzado como un cohete.

Liam Thompson también percibe que su regreso es extremadamente veloz:

> Voy a una clase de centro de sedación. No muy sedado, pero tengo que esperar hasta que sea el tiempo apropiado para irme. Este es un lugar donde puedo estar solo con mis pensamientos antes de estar listo para partir... Luego es rápido, es veloz, y estoy allí. Es casi instantáneo.

Sin embargo, los reportes más detallados vienen de los tres sujetos con conocimiento previo mínimo. Verónica Perry abre describiendo cómo está en una cámara de retención:

> No tengo mucho tiempo aquí en esta ocasión. Voy a encarnar de nuevo.
>
> *¿Cómo funciona?*
> Mi guía espiritual viene por mí y vamos a otra cámara.

Simplemente describe esta cámara.
Es una cámara de retención. Es una cámara circular. La mejor palabra en la que puedo pensar para describirla es como un... es casi como un aeropuerto. Es como si hubiera muchas puertas diferentes o aperturas para salir.
¿Hacia adónde vas en esta cámara?
Mi guía me está mostrando. Hay algunos otros de mi grupo de almas aquí también. Voy a la izquierda de la cámara. Ellos están encarnando también. Creo que vamos a hacer un trabajo juntos en esta vida.
¿Cómo sabes cuando es tiempo de partir de la cámara y comenzar el proceso de encarnación?
Todos estamos dejando la cámara juntos. Aunque algunos de mi grupo de almas nacerán físicamente antes que yo, todos partiremos al mismo tiempo. La sincronización aquí no es un problema. Todos llegaremos en el momento apropiado para que nuestras vidas empiecen en la tierra.

Esta idea de que la sincronización de su partida no sea un problema necesita ser examinada. El tiempo no tiene el mismo significado en los reinos espirituales como lo tiene en nuestras vidas físicas. Sin las limitaciones de un cuerpo físico que decae, la energía del alma en los reinos espirituales puede moverse a cualquier periodo futuro en la tierra sin ningún sentido de retraso de tiempo. Esto explica las aparentes contradicciones que pueden surgir cuando distintos tiempos de encarnación con familia y amigos pudiesen abarcar generaciones.

Otra parte importante de este proceso es el recoger las emociones de vidas pasadas y experiencias que se necesitarán para la nueva encarnación. El nombre que se le ha dado a esto es capa de recuperación y éste es un aspecto que no menciona ninguno de los pioneros entre-vidas. El proceso es lo opuesto a la capa de liberación del cual se habló como parte de la sanación antes de entrar a los reinos espirituales.

Esta es la descripción de Verónica de cómo ella se mueve a través de diferentes capas, recogiendo las emociones y experiencias de vidas pasadas que necesitará ahora que parte de ellas. Su descripción del hacerse más ligero y brillante durante este proceso parece ser lo opuesto a lo que esperaríamos pero es su forma de describir el proceso de reunir las energías que necesita. Finalmente ella describe la experiencia cuando su energía del alma se divide:

Dime lo que experimentas entre que dejas a tu grupo de almas y realmente te unes a tu cuerpo físico?
Siento que mi alma está trabajando a través de diferentes niveles de energía y diferentes fases para recoger las respectivas energías que hemos acordado llevaré conmigo. Estoy como extrayéndolas hacia dentro de mí, conforme me muevo a través de las diferentes etapas.
OK, simplemente describe con detalle cómo funciona eso y qué experimentas.
Todos los recursos que tengo disponibles para mí están allí y expando mi energía para envolverlos y extraerlos hacia dentro de mí, y cada recurso que extraigo me hace sentir más ligera y brillante.
¿Cómo sabes qué recursos extraer?
Ocurre. Supongo que es intuitivo el extraerlos. Se han hecho disponibles para mí, no tengo que ir a obtenerlos. Simplemente están disponibles y puedo simplemente expandirme para traerlos a mí.
¿Haz ya dividido tu energía del alma?
No.
Ve a ese punto y describe cómo sucede.

Puede sentirlo desde dos ángulos diferentes en este punto. La persona de la encarnación física que estoy a punto de tener está siendo traída a una parte de mi energía del alma, y esa parte de mi energía del alma está siendo liberada por la parte que se queda atrás. Puedo sentirme como energía del alma liberando la otra parte y empujándola hacia la encarnación. También puedo sentir la energía del alma que ha obtenido la nueva vida es empujada hacia enfrente por el resto de mi energía del alma. Es con mucha calma y aceptación.

Verónica no es la única que proporciona una descripción del proceso de capa de recuperación. Wendy Simpson parece referirse a él brevemente:

Tengo la sensación como si fuera a algún otro lugar antes de volver. Hay un lugar donde la forma de energía de las personas cambia de nuevo a la forma física normal... Hay otras almas ahí... Todos hemos de volver... Se siente como si hubiesen puesto una capa sobre mí. Estoy diciendo adiós, aunque sé que no será para siempre.

Nicola Barnard proporciona incluso mayor detalle sobre la capa de recuperación y con un sentido real de que lo está re-experimentando:

Dime lo que ocurre después.
Necesito obtener todas estas capas. Es como una sensación de necesitar vestirse.
¿Y cómo vas con eso?
Cada capa se siente como si fuera una energía sutil. No hay nada sólido o material en ello, individualmente son casi transparentes, pero acumulativamente crean la impresión del material.
¿De dónde obtienes esta energía?

Es como si las capas estuvieran colgando en el aire y puedo tomar otra y otra y así seguir, y con cada una que obtengo un mayor sentido de quién soy.

¿Se colecta la energía para ti?

Ya están ahí. Es como un traje. Estoy experimentando algunos cambios en el sentido de ya no ser luz. Una parte de ello no es muy útil o lindo. Es un poco como ponerse ropa mojada. Es simplemente que no me siento tan cómodo con esta capa impar, pero yo las he elegido.

¿Qué te ocurre ahora?

Estoy en el proceso de obtener estas cosas. Hay como un material de gasa que pasa a través de mi cuerpo de energía, y por sí misma, no haría nada, pero en conjunción con las otras capas está comenzando a construir un sentido de este nuevo ser en el que entraré. Pareciera que la energía ha de ser bastante densa para ser capaz de encarnar, que tiene que haber un montón de estas capas.

Unión con el Cuerpo

Frecuentemente se reporta que las almas sienten la realidad completa y cruda de estar de vuelta en el mundo físico en el punto del nacimiento, y que mientras están en el vientre, se encuentran más protegidos. A pesar de cierta renuencia inicial para entrar en el bebé, esta es la impresión dada por Nicola Barnard conforme continúa siguiendo su capa de recuperación:

Realmente no quiero ir.

¿En dónde te encuentras de momento?

Estoy aún arriba, y no estoy del todo segura. He escogido esto pero [profundo suspiro] tengo un trabajo que hacer.

¿Qué ocurre después?

Regresando a la Encarnación

Quieren otro bebé. Hay alguna clase de acuerdo para que yo esté ahí. Alrededor del momento de la concepción hay una aceptación sutil. Ellos conocen mi energía, no conscientemente, pero su ser superior y mi ser superior acuerdan cómo será.
Ve al punto en el que te unes al bebé.
Estoy en el vientre. Está obscuro.
¿Cuántos meses tiene el embarazo?
Ya tiene un sentido de ser un bebé, con brazos y piernas. No es tan tarde. Diría que alrededor de tres o cuatro meses.
¿Por dónde entras?
La cabeza.
¿Y qué experimentas conforme entras?
Estoy consciente de que lo he hecho antes. No estoy muy desconcertada por ello. Parece ser bastante calmado y pacífico y hay una sensación de que esto es lo correcto, ¿sabes?

Newton reporta que el proceso de unión del alma con el cerebro físico del bebé no es fácil y ha de ser llevado a cabo gradualmente. Por supuesto el estado emocional de la madre afecta al bebé, particularmente las emociones negativas. Por lo tanto el alma tendrá que esperar a que estas cambien o relajen los patrones energéticos de la madre antes de la entrada. El alma también ha de ajustar sus vibraciones con aquellas de la mente del bebé, por lo que frecuentemente flotará dentro y fuera a lo largo de un periodo de algunos meses. Wendy Simpson reporta que se siente confinada cuando entra en el bebé a las siete semanas de embarazo, pero puede "entrar y salir" hasta alrededor de los tres meses. Katja Eisler confirma esta idea y es también consciente de las emociones de la madre:

¿Cuánto tiene este bebé desde el punto de la concepción?
Seis meses.

¿Qué ocurre?
Tomo un momento y lo observo.
¿Por qué parte del cuerpo entras?
Por el cerebro.
¿Cómo se siente?
Hay muchísima energía ahí. No puedo evitar el sentirme un poco atrapada. Estoy flotando un poco dentro y un poco fuera.
¿Cuándo te unes finalmente con el bebé?
Ocho meses.
¿Cómo se siente?
Puedo sentir las dificultades que mi madre tiene con el hecho de estar embarazada, siente que es demasiado joven y que es el hombre incorrecto. Ella se enamoró de otro hombre.
¿Cuánto toma la unión en sí?
Ocurre a lo largo de un periodo de tiempo. Tengo que acostumbrarme al cerebro, no es un cerebro sencillo. Se siente como si mi alma fuera mucho más suave y tranquila que el cerebro de este bebé.

Desafortunadamente Katja no fue el único sujeto que experimentó el llegar a un entorno menos alegre. Jack Hammond sabe que tendrá un rato difícil una vez que se le descubra el gen Maori, pero se sorprende al encontrar que ya el ambiente inicial en el vientre es desagradable:

> Es como si yo fuera el único observando, no estoy realmente en el bebé aún… Es casi como si estuviera esperando a ver si estará bien… Me uno alrededor de dos o tres meses [desde la concepción] no fue un rato alegre el haber sido concebido. Mi mamá está sola y está llorando mucho. Es un mal comienzo.

Liam Thompson también encuentra la experiencia un tanto incómoda, a pesar de que parece que esto no tiene nada que ver con su madre:

> Me uno con el bebé suavemente... Son cuatro meses [desde la concepción]. Está saliendo temprano... Primero me conecto con el cerebro. Esa es la parte más difícil... Me expando sobre y alrededor de él. No hay nada ahí aún. Es como entrar a un cuarto y prender la luz... El estar de nuevo en un cuerpo humano se siente desconcertante, frío y denso.

Como Nicola, Lene Haugland no está muy entusiasmada de entrar en el bebé. A diferencia de la mayoría de sujetos que reportan que han entrado por la cabeza o el cerebro, ella lo hace por la garganta:

> No me quiero unir... Estoy simplemente merodeando, no me gusta esta situación. El bebé tiene dos meses [desde la concepción]... Tengo que entrar antes de que tenga tres meses, porque necesito conectar el alma con el cuerpo físico... Entro por la garganta... Es como si lo hubiese penetrado con cierto color. Estaba destinado a ocurrir que penetrara la garganta, es muy importante para este niño... Era la única parte del cuerpo que tenía color, color vibracional. Era azul.

La mayoría de los sujetos reportó que entran entre dos y cuatro meses de embarazo, con solamente Katja dejando su entrada inicial hasta los seis meses. No obstante, Verónica Perry entra incluso después. Encontramos que el comienzo de su vida como una huérfana es tanto inesperado como intensamente traumático:

> Ve al punto justo antes de que te unas con el bebé y dime lo que experimentas.

Gran confusión. De pronto me siento muy pesada. Mi energía se une con el físico. Es muy doloroso.
¿Cómo se compara con otras ocasiones?
Algunas veces es más fácil que esta. Depende en qué etapa esté el bebé.
¿Cuántos meses desde la concepción tiene el bebé?
Siete.
¿Haz encarnado tan tarde antes?
No. Usualmente soy capaz de unirme al bebé antes de esto y de moverme dentro y fuera antes de completamente unirme.
¿Cuál es la razón para unirte a los siete meses con este bebé en particular?
Oh. Había otra alma aquí antes.
¿Y qué pasó con esa otra alma?
Había otras dos almas aquí antes de mí. Había otro bebé. Debían ser dos bebés.
¿Ocurrió algo con el otro bebé?
[Suspiro profundo] Fue abortado.

En este punto Verónica se suelta en un llanto intenso, probando una vez más cuán intenso el recuerdo de la regresión puede ser. Después de calmarse y tranquilizarse regresa de nuevo al entrevidas para investigar más a fondo lo que había estado ocurriendo en el vientre. Ahora se hace abundantemente claro por qué estaba ella tan traumada:

> En esa vida elegí nacer en un mundo donde los niños eran abusados y no eran queridos. El alma que había elegido pasar hacia esa vida antes de mí se traumó tanto al ser abortado el otro bebé gemelo, que optó por tampoco nacer. Así que lo que sentí cuando me uní al bebé sobreviviente fue el shock y la tristeza de esa alma previa. Habían dejado esa energía atrás.

Esa es otra razón por la que me fue permitido traer tanta energía del alma conmigo, y tantos recursos.

EL VELO DE AMNESIA

La aparición de amnesia sobre los reinos de luz se entiende comúnmente como un proceso crucial que nos permite operar efectivamente en el reino físico. Con demasiada memoria del éxtasis y pureza de nuestro único y verdadero hogar espiritual, la mayoría de las personas probablemente estarían invadidas por la nostalgia y el deseo de volver podría ser demasiado fuerte. Otra razón es que saber todo sobre nuestro plan de vida sería como hacer un examen cuando ya se saben todas las respuestas.

Para Nicola Barnard este proceso comenzó incluso mientras salía de los reinos de luz. Parece que esta es una parte automática de la capa de recuperación. También parece que este no es un proceso súbito, sino más bien gradual, de manera que haya algo de flexibilidad exactamente cuando los bloqueos completos de memoria finalmente entren en juego. En el punto en el que comienza la narrativa ella comienza a susurrarse a sí misma por un momento. Esto no es poco común en las sesiones entre-vidas, ya que los sujetos tratan de entender qué es lo que están experimentando y cómo pueden formularlo con palabras. Ella luego comienza a describir cómo su memoria parece desvanecerse, aunque aparentemente ella se resiste al proceso:

[Se susurra a sí misma] Estoy olvidando. Creo que me he de ir porque se me está dificultando recordar de dónde he venido.
¿Qué está pasando?
Con estas nuevas capas, es como si la verdad se fuera borrando gradualmente. Quiero recordar mi familia de almas, pero no sé si lo lograré. Lo he olvidado tantas veces.
¿Qué ocurre después?

Es hora de bajar. Sé que es lo elegido, pero no me siento emocionada. Se han encargado de todos, todos los detalles. Parece muy claro hacia adónde ir y qué hacer, simplemente no es tan fácil el irse. De todos modos, mientras más capas de experiencia entraron, menos conectada estaba con la otra realidad.

Katja Eisler reporta que su amnesia ocurrió temprano, alrededor del nacimiento. Lene Haugland sintió que fue retrasada hasta que el bebé tenía alrededor de siete meses de edad. Esto podría apoyar la idea común que una de las razones de que los bebés pasan mucho tiempo durmiendo es porque ellos son aún capaces de recordar algunos aspectos del estar en los reinos de luz. Liam Thompson sugiere que el proceso no estará completo hasta algún punto más adelante en su niñez:

¿En qué punto se colocarán los bloqueos de memoria?
Cuando sea un niño.
¿Y cómo funciona este proceso de colocación de los bloqueos de memoria?
Mientras mi cerebro desarrolla su personalidad, mi ser inmortal se silenciará como un foco de luz apagándose. Nunca se apaga por completo, siempre está ahí, siempre tenue.

Claro, Liam nos recuerda que incluso con amnesia podemos contactar nuestra energía central del alma, nuestro ser superior, mientras estemos en nuestras vidas físicas.

9

CONCLUSIÓN

¿Qué es un buen hombre sino el maestro de un mal hombre?
¿Qué es un mal hombre sino el trabajo de un buen hombre?
Si no entiendes esto,
te perderás sin importar cuán inteligente seas.
Es el gran secreto.
Lao-Tzu, Maestro Chino Taoista.

Guía y Apoyo

Una de las implicaciones prácticas más importantes de esta investigación es que la ayuda de los reinos de luz está más disponible de lo que mucha gente se da cuenta. Cuando Liam Thompson vuelve con sus sabios para un repaso de progreso en tiempo real ellos le aconsejan sobre los métodos que pueden ser usados para contactar a nuestro guía espiritual y otros ayudantes:

> Vendrá a través de sueños, o un profundo saber interno… Necesito estar sin emociones para obtener una guía divina… Ellos me dicen que mire dentro de mí, que tengo todas las respuestas en el mundo, y que cualquier situación que exista puede ser sanada. Ellos me dicen que confíe… También dicen que la meditación será de mucha ayuda, pero que tengo que perseverar, nada viene fácil… Todos los días, por al menos diez minutos… De igual forma estará ahí mi guía espiritual

para ayudar... Simplemente necesito estar calmado y centrado, y los sentimientos vendrán.

Es interesante que el guía espiritual de Katja Eisler confirma el consejo que se le dio a Liam sobre la importancia de meditar por un mínimo de diez minutos todos los días:

> Él dice "simplemente llámame"... Es más poderoso en meditación, y deberás hacerlo mientras estás sentada, no acostada, de lo contrario irás muy profundo. Dice que todos los días, por diez minutos, está bien... También dice que puedo hacerlo en cualquier momento. Puedo simplemente llamarlo por nombre, o imaginar su apariencia en mi mente.

La insistencia en que podemos obtener ayuda en cualquier momento simplemente pidiéndola también es confirmada por el guía espiritual de Jack Hammond, Garth:

> ¡Oh! ¡He sido amonestado! Se me dijo "recuerda pedir ayuda"... Debo meditar e ir a un lugar tranquilo para traer la presencia de Gartj y pedir. ¡Oh! Uno puede simplemente pedir porque habrá ocasiones en las que uno no podrá retirarse y recostarse, o encontrar un lugar tranquilo. Entonces uno puede simplemente pedir, directamente.

Mientras tanto Lisbet Halvorsen tiene una intrigante y relacionada revelación de que debe continuar haciendo planes con grupo de almas mientras esté encarnada y dormida:

> Pareciera como si entrara y saliera de este grupo en esta vida, quizás cuando estoy durmiendo... Parece como si estuviera ocurriendo ahorita, en paralelo. Así que parece que voy allí y planeamos cosas y obtengo apoyo y alivio y luego bajo de nuevo.

Conclusión

Retroalimentación de los Sujetos

Aunque la investigación entre-vidas nos ayuda a construir un marco para entender sobre las memorias del alma entre-vidas, es igualmente crucial el impacto personal que tiene sobre aquellos que lo experimentan. Entre alrededor de tres meses y un año después de su sesión entre-vidas se le pidió a los sujetos que proporcionaran una retroalimentación. Una selección de estas demuestra un testimonio conmovedor, en sus propias palabras, del cambio profundo que trajo a su vida actual. Nadine Castelle fue breve pero al punto:

> La experiencia me ha propulsado a otro nivel. Fue un regalo maravilloso.

Lene Haugland fue similarmente breve pero animosa:

> Mi vida ha cambiado mucho desde la sesión. Todo el miedo que tenía se ha ido, y nunca me había sentido tan segura en mí, y tan amada. Siempre estaré agradecida por eso.

Katja Eisler estuvo igualmente agradecida y sintió que le ayudó de muchas formas, incluyendo su difícil relación con su madre:

> Mi sesión entre-vidas me ayudó de muchas formas. Ha abierto mi visión incluso más sobre el mayor significado y sentido de la vida. Me ha ayudado a ver a las personas de una manera diferente, a ver que todos estamos juntos en esto, y tenemos un montón de experiencias de aprendizaje juntos; a ver que escogemos lecciones para una vida, y a nuestros padres también. Esto me ha ayudado mucho, porque mi relación con mi madre había sido siempre muy difícil, pero ahora puedo

verla más como una oportunidad de crecimiento. También me sentí más conectada después de las sesiones y perdí mi miedo a la muerte. No completamente, pero en gran parte. He comenzado a tener más compasión por mí misma, y a entender muchos de los sentimientos y pensamientos mejor que antes.

Wendy Simpson se refirió específicamente a la sanación de su debilitante EM, abreviación de encefalopatía miálgica, o síndrome de fatiga crónica. Causa dolores y cansancio prolongado. Su propósito de vida está en la forma en la que trata a los demás, lo cual fue deliberadamente hecho difícil por tener que superar sus niveles bajos de energía. Ella descubrió por medio de sus sabios que el EM había ya cumplido con su propósito kármico más temprano y que ya no era necesario:

> Mi sesión entre-vidas ha sido una gran ayuda para mí; en primera, mi actitud hacia la vida ha aparentemente cambiado y parezco haber liberado cualquier miedo sobre la muerte. Me he vuelto más relajada sobre la vida y más interesada en observar las cualidades de mi personalidad. Mi enfermedad ha mejorado mucho y mis niveles de energía han aumentado enormemente. Tengo una actitud muy positiva hacia mi futuro y propósito de vida y he estado tomando pasos constructivos para hacer cambios en mi vida. Toda la experiencia fue muy especial, totalmente impresionante y muy profunda. Estoy muy agradecida por la oportunidad de haber tenido esta sesión y experiencia, y por la sanación que vino con ella.

Mientras tanto, Liz Kendry proporcionó esta muy reconfortante descripción de cómo su sesión le ayudo a hacer frente a la pérdida de su esposo, Charles:

> Desde la sesión he sido capaz de racionalizar la pérdida de mi esposo y he sido capaz de moverme más rápidamente a través

Conclusión

del proceso de duelo, sabiendo que él existe aún y que nos encontraremos de nuevo. También me ha permitido el continuar con la vida y no quedarme atorada revolcándome en autocompasión por lo que he perdido. Algo que he claramente hecho en vidas pasadas. Al seguir con la vida, no me refiero a que tengo que correr ahora y encontrar un sustituto a mi marido, nunca haría eso. De cualquier modo, puedo continuar con la vida y disfrutar sabiendo que esa es una de mis lecciones de vida; el lograr vivir una vida completa sin él. Ocasionalmente me digo a mí misma, "¿en qué estabas pensando cuando planeaste esto?. No obstante, he aceptado que nosotros tomamos esta decisión y tengo que vivir el resto del plan. No que sepa cual es el plan entero, además de la independencia. El saber que continuamos después de la muerte me ha ayudado a vivir una vida más positiva, y soy ahora más consciente de las decisiones que tomo y cómo estas impactan a otros.

Una de las perspectivas más cruciales en haber sido obtenidas del entre-vidas que tanto Katja como Liz enfatizaron es:

Cuando nos enfrentamos a circunstancias desafiantes, ayuda recordar que casi con certeza las elegimos para ayudarnos a aprender y crecer.

Viramos ahora hacia Verónica Perry, cuyas sesiones detalladas y carencia de conocimiento previo hicieron una importante contribución a la investigación:

Aunque siento que mis palabras no le pueden hacer justicia, esta fue para mí una experiencia extremadamente profunda. Puso un montón de "problemas" en mi vida en contexto y me permitió ver el panorama amplio en términos del viaje y de mi alma energética. Puedo tan sólo decir gracias al universo por hacer que esta oportunidad estuviera disponible, por darme este vistazo de mi alma, mi vida entre vidas. Fue una experiencia mágica, maravillosa y una lección de humildad. Me ha tocado, ha cambiado mi visión de la vida y ha abierto a mis ojos, mi corazón y a mi alma a una calma mayor. Tengo entendimiento, amor y respeto por la vida, por otros en sus caminos, por el universo y por mí misma.

Pensamientos Finales

Ojalá que de esta selección de retroalimentaciones de los sujetos haya sido posible transmitir algo de la profunda e impresionante experiencia que nos espera a todos cuando regresemos a nuestro verdadero hogar espiritual. También muestra la profunda sanación y crecimiento espiritual que puede venir de la integración de una sesión entre-vidas con la vida actual de una persona. Con el tiempo esto será reconocido y entendido como una poderosa herramienta psicológica.

La investigación de este libro se ha construido sobre el excelente trabajo de los pioneros entre-vidas, y de Michael Newton en particular. Claramente hay algunas áreas en las que las interpretaciones difieren. Una importante es el énfasis en la fluidez de la experiencia, a pesar de la consistencia subyacente en sus elementos. Aún así algunas diferencias se pueden esperar de cualquier intento de expandir el entendimiento en una área de investigación tan crucial. Tampoco quita esto nada del gran respeto para todos los pioneros.

En este punto sería útil regresar al problema del conocimiento previo y re-enfatizar la política de selección deliberada. Un tercio de los sujetos tenía un grado relativamente alto de conocimiento previo de libros entre-vidas, particularmente del trabajo de Newton. Otro tercio había tenido al menos alguna exposición a ello. El tercio final tenía una mínima exposición o ninguna en

Conclusión

absoluto. Aún así los elementos subyacentes consistentes de la experiencia están ahí para todos. No sólo eso, sino que Lene Haugland, quien sí tenía algún conocimiento previo, proporcionó las siguientes importantes perspectivas en su retroalimentación subsecuente:

> Durante y después de mi sesión sabía sólo una cosa. Mi experiencia no fue lo que me esperaba. La mayor parte fue totalmente nueva para mí. Cuando estaba en ese "estado mental" no podía escoger lo que iba a ver o sentir, y cualquier cosa que había aprendido u oído antes no importaba. Puedo recordar que mi mente estaba intentando decirme muchas veces que algunas de las cosas que había experimentado tenían que ser incorrectas, porque nunca había oído o leído sobre ellas anteriormente. Por eso sé que mi experiencia fue totalmente mía.

Finalmente, qué mejor forma para cerrar el libro que con las perspectivas más a fondo de Verónica Perry sobre el regalo de la vida en la tierra, el cual vino de su evaluación final de progreso con sus sabios:

> A nivel del alma siempre he disfrutado mis vidas. A pesar de que algunas han sido difíciles, y ha habido mucho dolor de cosas que he visto y hecho. Cuando quiera que vuelvo al alma lo aprecio. Aprecio todas estas oportunidades que se me han dado para aprender y para enseñar en ocasiones, y para entender todos los diferentes rangos de emociones y sentimientos que podemos tener aquí. Sí, hay cosas dolorosas de sentir y experimentar, pero también hay cosas maravillosas de sentir y experimentar. Simplemente la sensación del brillo del sol, el sentimiento de la brisa, los aromas, simplemente la alegría de ser capaz de caminar en una pradera. Todas estas son cosas que siento a nivel del alma.

Apéndice

La Historia de la Investigación Entre-vidas

Si los terapeutas pioneros se sorprendieran de los resultados de su investigación sobre las vidas pasadas, imagine la sorpresa adicional cuando varios de ellos independientemente descubrieron que sus clientes podían recordar detalles de su tiempo entre vidas también. De pronto, gente ordinaria sin ningún antecedente religioso o espiritual comenzó a comunicar revelaciones profundas de la experiencia entre-vidas. Incluso más impresionante fue que sus revelaciones probaron ser altamente consistentes.

La experiencia de Joel Whitton fue típica de los pioneros tempranos. Él dio un comando impreciso a un cliente en medio de una regresión a una vida anterior. La instrucción fue el volver a la "vida" antes justo de a la cual había regresado. Se asombró al encontrarla describiéndose "en el cielo... esperando nacer... observando a mi madre...". Seguido esto él hizo una gran contribución al entendimiento del fenómeno con algunos de sus clientes más responsivos. Esto fue publicado en 1986 con Joe Fisher en *Vida Entre Vida (Life Between Life)*.

En contraste, Helen Wambach deliberadamente instigó un programa de investigación en el que ella regresó a voluntarios en grupos. Ella tenía datos estadísticos sobre vidas pasadas utilizando este método. Alrededor de 750 de sus voluntarios fueron regresados de vuelta al tiempo antes de que nacieran en esta vida y se les preguntó si ellos decidieron volver, si alguien les ayudó con su decisión, y cómo se sentía de volver. Sus resultados, publicados en 1979 en *Vida Antes de la Vida (Life Before Life)*, fueron impresionantes. Al mismo tiempo, Peter

Ramster estaba trabajando con vidas pasadas y también hizo algunos descubrimientos en el entre-vidas que fueron incorporados en *La Verdad Sobre La Encarnación(The Truth about Incarnation)*.

A lo largo de la siguiente década, otros tres pioneros entre-vidas salieron a la luz, todos en Estados Unidos. Dolores Cannon tropezó con ello, de nuevo, por accidente, cuando un sujeto murió en una vida pasada y luego comenzó a describir cómo estaba "flotando por encima de su cuerpo", y su investigación más a fondo fue publicada en 1993 en *Entre Muerte y Vida (Between Death and Life)*. Otro fue el controversial libro de Shakuntala Modi que incluye su visión sobre la posesión demoniaca, algo que la mayoría de los otros pioneros pasan por alto. No obstante, el libro *Sanaciones Extraordinarias (Remarkable Healings)* sí contiene algunos resúmenes consistentes de sus hallazgos sobre el entre-vidas.

Michael Newton fue el primer pionero en traer exitosamente la investigación entre-vidas a la consciencia pública. Él era escéptico sobre la regresión a vidas pasadas en los 60's, después de trabajar por unos años en hipnoterapia tradicional. Comenzó a apreciar sus capacidades cuando se dirigió a un sujeto al origen de un dolor en su lado derecho y describió el ser apuñalado como un soldado en la Segunda Guerra Mundial. Su dolor persistente fue inmediata y permanentemente aliviado. No mucho después de esto, Newton tropezó con el entre-vidas por accidente cuando emitió un comando impreciso a otro sujeto que era particularmente receptivo a entrar a estados más profundos de trance hipnótico. Durante los 70's concentró la mayor parte de sus esfuerzos en la investigación del entre-vidas tan a fondo como pudo con muchísimos casos hasta estar satisfecho con su propio mapeo del mundo espiritual relacionando la actividad del alma entre vidas. Finalmente, publicó el relato más detallado del entre-vidas de todos los pioneros en *Viaje de Almas* (*Journey of Souls*)

Apéndice

en 1994 y luego con *El Destino de las Almas (Destiny of Souls)* en el 2000.

Detalles de la Investigación

La extensión del número de sabios en el consejo reportada por aquellos sujetos que se encontraron con ellos se encuentra resumido en la siguiente tabla:

Núm. DE SABIOS	Núm. DE SUJETOS	
1 a 5	8	67%
6 a 10	3	25%
11 a 15	1	8%

La extensión de número de almas en el grupo de almas reportado por los sujetos se encuentra resumido en la siguiente tabla:

Núm. ALMAS	Núm. SUJETOS	
1 a 5	2	15%
6 a 10	5	38%
11 a 15	4	31%
16 a 20	1	8%
21 a 30	1	8%

Se le ha dado un pseudónimo a cada sujeto, pero la demás información sobre el sujeto ha sido cuidadosamente documentada.

Las clasificaciones del conocimiento previo del entre-vidas del sujeto antes de sus sesión es como sigue:
- *Alto* – Ellos habían leído previamente sobre el entre-vidas con cierto detalle y habían retenido una cantidad significativa de esa información.

- *Medio* – Ellos habían leído frecuentemente años atrás sobre el entre-vidas y habían olvidado los detalles.
- *Bajo* – Ellos no habían oído o leído previamente sobre el entre-vidas, o habían tenido una exposición muy limitada.

Los números en negritas indican el elemento que ha sido incluido en el libro. Los otros números indican simplemente que el sujeto lo experimentó.

La numeración refleja el orden en el que los elementos fueron recordados durante la sesión. Donde un sujeto combinó efectivamente múltiples elementos a la vez, se muestra como (a), (b), y así sucesivamente. Donde el sujeto volvió a un elemento más de una vez en diferentes ocasiones, se le dan diferentes números.

El segundo entre-vidas de Verónica Perry sólo cubrió la transición y los elementos de sanación.

Apéndice

DETALLES PERSONALES

SUJETO	Edad	H/M	País	Con. Previo	Transición	Sanación	Repaso con Guía	Repaso con Sabios	Grupo de Almas
Nicola Barnard	30s	M	Reino Unido	B	1	2			3
Magnus Bergen	20s	H	Noruega	B	1	2	4	5a	3
Nadine Castelle	30s	M	Reino Unido	M	1	2	4a		3 6 8
Katja Eisler	30s	M	Alemania	M	1	5	2	3	4 6
Lisbet Halvorsen	20s	M	Noruega	M	1a	2	1b		3 5
Laura Harper	40s	M	Reino Unido	A	1	2		4	3a
Lene Haugland	40s	M	Noruega	M	1	2 4 6			5a
Jack Hammond	50s	H	Nueva Zel.	A	1			2	3
Liz Kendry	30s	M	Canadá	M	1	2	4	5	3 6
Marta Petersen	20s	M	Dinamarca	A	1		3		2
Veronica Perry 1	30s	M	Reino Unido	B	1	2	4		3, 7
Veronica Perry 2	30s	M	Reino Unido	B	1	2			
David Stephens	30s	H	Reino Unido	A	1	2			
Liam Thompson	20s	H	Reino Unido	A	1	3 7	2 5		4
Wendy Simpson	40s	M	Reino Unido	B	1	3		2	4

SUJETO	DETALLES PERSONALES								
	Edad	H/M	País	Conoc. Previo	Activ. Especial	Plan con grupo	Vista previa de vida	Selección de vida	Plan con sabios
Nicola Barnard	30s	M	Reino Unido	B			4b		4a
Magnus Bergen	20s	H	Noruega	B					5b
Nadine Castelle	30s	M	Reino Unido	M	5 9			4b	7
Katja Eisler	30s	M	Alemania	M				7a	
Lisbet Halvorsen	20s	M	Noruega	M	4			6	
Laura Harper	40s	M	Reino Unido	A	3b			5a	6a
Lene Haugland	40s	M	Noruega	M	3 5b		7		
Jack Hammond	50s	H	Nueva Zel.	A			4a		
Liz Kendry	30s	M	Canadá	M		7		8	10a
Marta Petersen	20s	M	Dinamarca	A	4			6	5
Veronica Perry 1	30s	M	Reino Unido	B				5	6a
Veronica Perry 2	30s	M	Reino Unido	B					
David Stephens	30s	H	Reino Unido	A				3	4
Liam Thompson	20s	H	Reino Unido	A	6	9	10		8a
Wendy Simpson	40s	M	Reino Unido	B				5	6

Apéndice

Preguntas Usadas para la Retroalimentación de los Sujetos

1. Antes de su sesión, ¿cuánta consciencia tenía sobre la vida entre vidas, llamada el entre-vidas? Había leído algún libro de Michael Newton, o cualquier otro libro que mencionara el entre-vidas o habló con alguien que lo había hecho? De ser así, ¿piensa que conscientemente afectó su sesión de alguna forma?

2. ¿De qué maneras ha cambiado su vida después de su sesión entre-vidas que usted piense sea directamente atribuible a ello?

Comparación con Otros Pioneros Entre-vidas

Esta matriz muestra los elementos principales de un entre-vidas que han sido cubiertos en los libros de otros pioneros entre-vidas, basada en un análisis del *Libro del Alma (Book of the Soul)* por Ian Lawton.

Explorando el Alma Eterna

	Este libro	New-ton	Ram-ster	Whitt-on	Cannon	Modi	Fiore
Transición a través de un túnel o luz	●	●	●	●	●	●	●
Encuentro con amigos, familia o guía espiritual	●	●	●	●	●	●	●
Percepción variada del entorno	●	●		●	●		
Descanso inicial y restablecimiento de energía	●	●	●			●	
Baño sanador de energía	●	●			●	●	
Capas de liberación como parte de la sanación de energía	●						
Rehabilitación para almas traumatizadas	●	●			●		
Miembros del grupo de almas a un nivel similar	●	●	●	●	●	●	
Repaso con sabios	●	●		●	●	●	●
Revisita/juego de roles vía libros de vida y películas	●	●	●	●	●	●	
Aprendizaje en curso en un salón de clases	●	●	●	●	●	●	
Naturaleza sin prejuicios de los repasos	●	●	●	●	●	●	●
Planeación de la vida siguiente	●	●	●	●	●	●	●
Opción de rechazar el plan de vida ofrecido	●	●	●	●	●	●	●
Múltiples planes de vida ofrecidos	●	●	●				
Entrenamiento en especialización	●	●			●	●	
Capas de recuperación como parte de la reencarnación	●						

Glosario

Adhesiones Estas son energías del alma atrapadas que después de la muerte se han adherido a una persona encarnada, lugar u objeto en vez de haber regresado a los reinos de luz. Serán, de cualquier modo, reunidas con su alma central en algún punto.

Alma: La energía espiritual que contiene todas las experiencias y aprendizajes de vidas pasadas de una persona.

Alma Holográfica: El alma se divide para la reencarnación y ambas partes retienen un vínculo para mantener las memorias del alma para el alma entera.

Almas Gemelas: Los otros miembros de un grupo de almas que trabajan estrechamente tanto en los reinos de luz como en sucesiones de vidas en el reino físico.

Camino de Vida: El curso más probable de cualquier vida si esa persona toma las decisiones que ha planeado en los reinos de luz. El alma podrá también haber acordado ciertos disparadores que tienen el propósito de estimularles a permanecer en el camino.

Capas de Liberación: Un nuevo término para describir el proceso automático de sanación y aligeramiento de la energía que todas las almas han de recibir para hacer la transición a los reinos de luz.

Capas de Recuperación: Un nuevo término para describir el proceso de colectar las emociones y energías que un alma quiere trabajar en la siguiente vida encarnada.

Color del Alma: La energía de cada alma tiene un color. Esto cambia conforme las almas crecen para hacerse más experimentadas y evolucionadas. En los reinos espirituales las almas gemelas tienen frecuentemente el mismo color.

Consejo de Sabios: Un nombre colectivo para un grupo de sabios.

Disparadores: Recordatorios emocionales o incluso físicos implantados en los reinos de luz para la persona encarnada para reconocer que hay una lección emocional sobre la que se tiene que trabajar, o que se ha de tomar una decisión que es relevante para su camino de vida.

Energía Central del Alma: Se le llama algunas veces nuestro "ser superior" y es la porción de nuestra energía del alma que dejamos atrás en los reinos de luz cuando un alma reencarna. Esta energía estará más activa o aletargada dependiendo de qué porción del total representa.

Energías del Alma Atrapadas/Espíritus: Espíritus que después de la muerte fallan en reconocer que han muerto y permanecen apegados al reino físico. Ellos permanecen atrapados en el reino astral y pueden formar una adhesión a una persona encarnada o a un lugar.

Entre-vidas: La experiencia de memorias del alma entre vidas en los reinos de luz. Esto también es conocido como la vida entre vidas.

Espíritus de Luz: Un término general para cualquier alma en los reinos espirituales.

Fluidez: Las sesiones entre-vidas varían en su orden de eventos, qué tan extenso es experimentado cualquier evento y también la frecuencia, tal como el número de visitas para ver a los sabios.

Fragmentación del Alma: Después de interacciones emocionalmente intensas las almas encarnadas pueden perder fragmentos de su energía con los otros.

Fuente: La fuente última de todo y la creación del universo, y aquello con lo que nuestra consciencia individual del alma está conectada. En ocasiones se le llama la Unidad y varias religiones tienen otros nombres.

Grupos de Almas: Grupos de almas gemelas que trabajan estrechamente tanto en los reinos de luz como en sucesiones de vidas en el reino físico.

Glosario

Grupos de Almas Secundarios: Las almas trabajan frecuentemente con otras almas aparte de sus almas gemelas. Estos grupos están formados para planear una vida en particular, y los miembros frecuentemente tienen colores del alma distintos.

Guía Espiritual: Almas especialistas que supervisan el plan de vida de aquellos que están encarnados. Ellos proporcionan guía y consejo durante el repaso de la vida pasada y la planeación de la vida siguiente.

Habilidades Especiales: Habilidades especiales, tal como la enseñanza, la guía, la sanación y el trabajo de energía, en la que las alma se entrenan cada vez más conforme se vuelven más experimentados. Un grupo de almas puede reunirse para trabajar en habilidades particulares así como puede hacerlo para trabajar en lecciones emocionales.

Karma: Las ideas tradicionales de karma como un proceso de "acción y reacción", "pago de deudas" o "cosechar lo que se siembra" son muy simplistas. A través de evidencia entre-vidas se ve como un proceso de aprendizaje del alma, experiencia y crecimiento, frecuentemente a través de situaciones de vida difíciles.

Lecciones Emocionales: Esta es una emoción que el alma está intentando dominar experimentándola en una forma física en la tierra. Miembros del mismo grupo de almas frecuentemente trabajan en la misma lección juntos.

Los Sabios: Término que algunas almas usan en vez de sabios/ancianos. Puede significar almas que operan a un nivel superior.

Planeación de la Vida Siguiente: El proceso completo de discusiones de planeación con sabios, guías espirituales y almas gemelas.

Regresión: El proceso a través del cual un cliente entra en un estado alterado de consciencia para que pueda recordar vidas pasadas o el entre-vidas. Esto se logra usualmente con hipnosis, pero otros métodos pueden ser usados.

Regresión Espiritual: El proceso de guiar a una persona a las memorias entre vidas del alma. Esto también se conoce como la vida entre vidas o regresión entre-vidas.

Reino Astral: La dimensión cercanamente relacionada con el mundo físico, a través del cual el cuerpo espiritual normalmente pasa, y en el cual los espíritus atrapados residen.

Reino de Luz: El verdadero hogar de todas las energías del alma y el reino más cercanamente conectado con la Fuente en sí.

Reinos Espirituales: Otro término para los reinos de luz frecuentemente usado por sujetos en regresión.

Reintegración de la Energía del Alma: El proceso por el cual la energía del alma que vuelve es reunida con la energía central del alma que se dejó atrás en los reinos de luz.

Repaso de la Vida Pasada: El proceso de repaso y aprendizaje de la última vida encarnada. Involucra un elemento de diálogo con los sabios, guías espirituales y almas gemelas.

Sabios: Las almas sabias y experimentadas que asisten a aquellos aún encarnados con un repaso de la vida pasada y consejos sobre la planeación de la siguiente vida. Trabajan a un nivel superior que los guías espirituales. Los clientes les llaman con una variedad de nombres, tal como Sabios, Mayores, Superiores, Maestros o Consejo.

Traumas Corporales: Las heridas físicas de traumas de vidas pasadas que son llevadas por el alma pero no sanadas en los reinos espirituales. Pueden ser fuertemente imprimidas en el cuerpo físico de la siguiente vida.

Velo de Amnesia: El proceso por el cual un alma que reencarna gradualmente pierde su memoria de los reinos de luz y de la planeación de vida. El objetivo es el prevenir que sintamos nostalgia y que "tomemos un examen sabiendo todas las

Glosario

respuestas por adelantado". Puede no ser completado hasta la niñez temprana.

Vida Altruista: Una vida que un alma elige deliberadamente para ser de ayuda a otros. Tales vidas no son planeadas para el aprendizaje de las almas mismas sino para aquellas a su alrededor. Es algunas veces llamada "vida de relleno".

Vida Entre Vidas: La experiencia de memorias del alma entre vidas en los reinos de luz. También conocido como el entre-vidas.

Vistas Previas de Vida: El anticipo de la siguiente vida recibido en los reinos de luz, el cual representa las mayores probabilidades para esa vida.

Referencias de las Fuentes

Aunque la mayoría de los profesionales citados en el libro tienen doctorados en psicología o psiquiatría, no uso el título "Dr" a lo largo del libro. Esto no tiene el propósito de ser irrespetuoso, sino el evitar la repetición laboriosa. La bibliografía contiene detalles adicionales de los libros. Las referencias se hacen a las ediciones en inglés de todos los libros en cuestión.

Introducción

Lawton, *The Book of the Soul*: análisis de pioneros entre-vidas, capítulo 5, p. 122

Stevenson, Ian, *Twenty Case of Suggested Reincarnation*: análisis detallado de 20 niños que recordaban vidas anteriores, caso de Swarnata Mishra, capítulo 2, pp. 67–91.

Stevenson, Ian, *Where Reincarnation and Biology Intersect*: análisis detallado de niños que tienen marcas físicas y deformidad en esta vida correspondientes a heridas de vidas pasadas.

Tomlinson, *Sanando el Alma Eterna*: emociones encontradas en regresiones a vidas pasadas, evidencia detallada y análisis de la investigación de la regresión a vidas pasadas, capítulo 1, las técnicas usadas en la regresión entre-vidas, capítulo 7 y apéndice III.

Capítulo 1: Hacia la Luz

Cannon, *Between Death and Life*: la experiencia del túnel después de la muerte, capítulo 1, pp. 12–13.

Fiore, *You Have Been Here Before*: la experiencia del túnel después de la muerte, capítulo 11, p. 223.

Lawton, *The Book of the Soul*: evidencia en contra de la regresión a vidas no humanas, capítulo 7, pp. 194–5; evidencia detallada y análisis de experiencias cercanas a la muerte, capítulo 2; ruptura del cordón, capítulo 10, pp. 260–1.

Modi, *Remarkable Healings*: la experiencia del túnel después de la muerte, capítulo 3, p. 144.

Newton, *Journey of Souls*: la experiencia del túnel después de la muerte, capítulo 1, p. 9 y capítulo 2, p. 18.

Ramster, *The Truth about Reincarnation*: la experiencia del túnel después de la muerte, capítulo 6, p. 133.

Tomlinson, *Healing the Eternal Soul*: caso de estudio adicional de transición, capítulo 7.

Van Lommel et al, *Near-death Experience in Survivors of Cardiac Arrest*; un estudio prospectivo en Holanda, The Lancet, 15 Dec 2001.

Whitton, *Life Between Life*: la experiencia del túnel después de la muerte, capítulo 4, pp. 30–1.

CAPÍTULO 2: VOLVIENDO A SER UNO

Cannon, *Between Death and Life*: sanación inicial, capítulo 5, pp. 62–7; descanso y recuperación para almas dañadas, capítulo 2, p. 20.

Modi, *Remarkable Healings*: sanación inicial, capítulo 3, pp. 115–16; ventilación para almas traumatizadas, capítulo 3, p. 115.

Newton, *Journey of Souls*: sanación inicial, capítulo 5, pp. 53–5; reorientación para almas levemente traumatizadas, capítulo 5, pp. 55–6.

Newton, *Destiny of Souls*: refiguración o remodelación de almas traumatizadas, capítulo 4, pp. 94–104; reintegración de la energía del alma, capítulo 4, pp. 120–4.

Ramster, *The Truth About Reincarnation*: sanación inicial, capítulo 6, pp. 133–4.

CAPÍTULO 3: REPASO DE VIDAS PASADAS

Lawton, *The Book of the Soul*: evidencia de regresión en contra de la noción del infierno en la teología Cristiana e Hindú, capítulo 7, pp. 182–94.

Modi, *Remarkable Healings*: ver los eventos pasados desde la perspectiva de otros, capítulo 3, p. 117.

Moody, *Life After Life*: repasos de vida durante las experiencias cercanas a la muerte, capítulo 2, pp. 64–8

Referencias de las Fuentes

Newton, *Destiny of Souls*: perspectiva del alma de sentir el dolor infligido en otros, capítulo 5, p. 167.

Ring, *Life at Death*: repaso de vida en la experiencia de la muerte, capítulo 4, p. 67 y capítulo 10, pp. 197–8

Tomlinson, *Sanando el Alma Eterno*: casos de estudio adicionales del repaso con guía y repaso con los sabios, capítulo 7.

Whitton, *Life Between Life*: ver los eventos pasados desde la perspectiva de otros, capítulo 4, p. 40.

CAPÍTULO 4: GRUPOS DE ALMAS

Lawton, *The Book of the Soul*: problemas de género en el contexto de la reencarnación, capítulo 7, pp. 176–8.

Newton, *Journey of Souls*: energía aletargada de almas gemelas aún encarnadas, capítulo 6, p. 85; sistema de calificación de las almas por color, capítulo 7, pp. 102–5; grupos secundarios, capítulo 7, pp. 87–91; un guía para cada grupo, capítulo 14, p. 262.

Tomlinson, *Sanando el Alma Eterno*: casos de estudio adicionales de grupos de almas, capítulo 7.

CAPÍTULO 5: ACTIVIDADES ESPECIALES

Lawton, *The Book of the Soul*: evidencia en apoyo del diseño inteligente, capítulo 10, pp. 265–7.

Newton, *Destiny of Souls*: trabajo con energía, capítulo 5, pp. 194–9 y capítulo 8, pp. 330–44.

Newton, *Journey of Souls*: trabajo con energía, capítulo 10, pp. 164–8.

Whitton, *Life Between Life*: salas de aprendizaje, capítulo 4, p. 48.

CAPÍTULO 6: PLANEANDO LA VIDA SIGUIENTE

Lawton, *The Seth Material* (www.ianlawton.com/se1.htm).

Tomlinson, *Sanando el Alma Eterno*: casos de estudio adicionales de vistas previas de opción múltiple, capítulo 7.

CAPÍTULO 7: DINÁMICAS KÁRMICAS

Cannon, *Between Death and Life*: vidas de relleno, capítulo 8, p. 140.

Lawton, *The Book of the Soul*: análisis detallado de las dinámicas del karma, capítulo 7, pp. 154–70.

Newton, *Journey of Souls*: vidas de relleno, capítulo 12, p. 220.

CAPÍTULO 8: REGRESANDO A LA ENCARNACIÓN

Newton, *Life Between Lives*: un alma entrando y saliendo hasta finalmente entrar al cerebro de un feto, Part 3, p. 5l

Newton, *Destiny of Souls*: proporción de energía del alma traída a la encarnación, capítulo 4, pp. 116–20; unión difícil del alma y el cerebro, capítulo 9, pp. 384–94.

Tomlinson, *Sanando el Alma Eterno*: caso de estudio adicional de la selección de energía del alma, embarcación y unión, capítulo 7.

APÉNDICE

Lawton, *The Book of the Soul*: análisis de los pioneros entrevidas, capítulo 5, p. 122, capítulo 6, p. 149.

BIBLIOGRAFÍA

Cannon, Dolores, *Between Death and Life: Conversations With a Spirit*, Gateway, 2003.
Fiore, Edith, *You Have Been Here Before: A Psychologist Looks at Past Lives*, Ballantine Books, 1979.
Fiore, Edith, *The Unquiet Dead: A Psychologist Treats Spirit Possession*, Ballantine Books, 1988.
Lawton, Ian, *The Book of the Soul: Rational Spirituality for the Twenty-First Century*, Rational Spirituality Publishing, 2004.
Modi, Shakuntala, *Remarkable Healings: A Psychiatrist Uncovers Unsuspected Roots of Mental and Physical Illness*, Hampton Roads, 1997.
Modi, Shakuntala, *Memories of God and Creation: Remembering from the Subconscious Mind*, Hampton Roads, 2000.
Newton, Michael, *Destiny of Souls: New Case Studies of Life Between Lives*, Llewellyn, 2000.
Newton, Michael, *Journey of Souls: Case Studies of Life Between Lives*, Llewellyn, 1994.
Newton, Michael, *Life Between Lives: Hypnotherapy for Spiritual Regression*, Llewellyn, 2004.
Ramster, Peter, *The Truth about Reincarnation*, Rigby, 1980.
Ramster, Peter, *The Search for Lives Past*, Somerset Film & Publishing, 1992.
Stevenson, Ian, *Twenty Case of Suggested Reincarnation*, University Press of Virginia, 1974.
Stevenson, Ian, *Where Reincarnation and Biology Intersect* (short version of two-volume *Reincarnation and Biology*), Praeger, 1997.
TenDam, Hans, *Exploring Reincarnation*, Rider, 2003.
Tomlinson, Andy, *Sanando el Alma Eterno: Perspectiva de Vidas Pasadas y Regresiones Espirituales*, From the Heart Press, 2012.
Wambach, Helen, *Reliving Past Lives: The Evidence Under Hypnosis*, Hutchinson, 1979.
Wambach, Helen, *Life Before Life*, Bantam, 1979.
Weiss, Brian, *Many Lives, Many Masters*, Piatkus, 1994.

Whitton, Joel, and Fisher, Joe, *Life Between Life*, Warner Books, 1988.

Woolger, Roger, *Other Lives, Other Selves: A Jungian Psychotherapist Discovers Past Lives*, Bantam, 1988.

ÍNDICE

Actividades especiales 95-108
Adhesión 28, 37, 39, 43, 50, 63, 75, 187
Alma atada a la tierra 15
Alma holográfica 187
Alma; color 88-89, 187
Alma; división de energía 151-164
Alma; experiencia 88-89
Alma; fragmentación 43
Alma; nivel de desarrollo 88
Alma; nivel de vibración 14-15, 35, 39, 46, 50, 61-62, 168
Alma; percepción 25, 28, 50
Alma; perspectiva 54, 56-57
Alma; reformación 46-47
Alma; reintegración de energía 52-54
Alma; unión con el bebé 164-168

Biblioteca de libros de vidas 64-71, 97, 138
Búsqueda intelectual 100-104
Camino de Vida 124, 189
Cannon, Dolores 5, 31, 46, 147, 180
Capas de liberación 37-46, 49, 50, 168, 187
Capas de recuperación 160-164, 187
Cercanas a la muerte; comparación con el entre-vidas 26–29
Cercanas a la muerte; experiencias 13–14
Consejo 67, 75, 128-135, 187

Dejar el cuerpo 16-21

Descanso en el reino espiritual 51
Disparadores y recordatorios 135-139, 188

Energía central del alma 54, 170, 188
Energías del alma atrapadas 15, 188
Entre-vidas; comparación de pioneros 188
Entre-vidas; fluidez 60, 92, 176, 188
Entre-vidas; historia 179–181
Entre-vidas; investigación 182-185
Entre-vidas; tiempo 15

Fuente; última 68, 105, 188

Grupo de almas; cambio 90
Grupo de almas; planeación 110-113
Grupo de almas; primario 81-83, 188
Grupo de almas; secundario 91-92, 189
Grupo de almas; tema 81-92, 95, 103-105, 145-147
Grupos de bienvenida 21-26
Guía espiritual; definición 189
Guía espiritual; influencia 99
Guía espiritual; reunión 15, 22-26, 35, 38-41, 46, 53-54

Habilidades especiales 145-147, 189
Hipnosis para el entre-vidas 6-8
Intuición 6-8, 99, 100, 153

Karma 141, 189

Lecciones emocionales 95, 100, 145-147, 189
Libre albedrío 82, 143-5
Los Sabios 71, 75, 134, 136 157, 191, 189

Maestros 71, 72
Maestros 41, 96–100
Manipulación de energía 104
Modi, Shakuntala 180, 186
Muerte traumática 38, 44

Newton, Michael 3, 5, 8, 10, 26, 31, 46, 52, 54, 57, 87, 89, 91, 93, 104, 105, 118, 129, 135, 147, 151, 152, 165, 176, 180, 186

Planeación; múltiples opciones de vida 118-128
Planeación; opciones únicas de vida 113-118
Planeación; próxima vida 109–139
Planeación; sabios 128-135

Ramster, Peter 3, 26, 31, 180, 186
Regresión espiritual 190
Regresión; definición 189
Regreso a la encarnación 151-170
Reino Astral 14-16, 192
Reino de luz; definición 13–16, 190
Reinos espirituales; definición 190
Retroalimentación de los sujetos 173-178

Sabiduría antigua 13

Sabios; planeación de la vida siguiente 128-135
Sabios; repaso de la vida pasada 71-80
Sabios; rol 5, 15, 41, 190
Salas de aprendizaje 70, 100
Sanación 31–36
Sanación; trauma 46–51
Suicidio 26, 33, 51, 68-71, 110-111, 130-131, 142, 146
Superiores 71, 190

Velo de amnesia 169-170, 190
Vida Altruista 120, 121, 127, 147-149, 191
Vida pasada; muerte 4, 16–21
Vida pasada; repaso con el guía espiritual 60-64
Vida pasada; repaso de suicidio 68-71
Vida pasada; repaso solitario 57-60
Vistas Previas de Vida 116-118, 191

Wambach, Helen 3, 5, 186
Whitton, Joel 3, 5, 56, 100, 179, 186

El Autor

Andy Tomlinson es graduado en psicología y un psicoterapeuta registrado. Fue entrenado en la hipnoterapia Eriksoniana y en terapia de regresión, y es terapeuta certificado de vidas pasadas del *International Board of Regression Therapy* (Junta Internacional de Terapia de Regresión). También es terapeuta de vida entre vidas certificado con el *Michael Newton Institute*. Andy ha llevado una práctica privada internacionalmente renombrada dedicada a la terapia de regresión desde 1996. Es el Director de Entrenamiento para la *Past Life Regression Academy* (Academia de Regresión a Vidas Pasadas), y miembro fundador de la *Spiritual Regression Therapy Association* (Asociación de Terapia de Regresión Espiritual) y la *Earth Association of Regression Therapy* (Asociación Earth de Terapia de Regresión). A través de éstas, trabaja para establecer estándares internacionales de calidad para la terapia de regresión. Su primer libro, *Healing the Eternal Soul* (Sanando el Alma Eterna), fue publicado en 2006. Es también el editor de *Transforming the Eternal Soul* (Transformando el Alma Eterna), e investigador para el libro de Ian Lawton *Wisdom of Souls* (Sabiduría de las Almas). Andy entrena, da clases y charlas internacionalmente sobre las vidas pasadas y las memorias del alma entre ellas. Para mayor información sobre Andy o su entrenamiento, mire el sitio: *www.regressionacademy.com.*

LECTURAS ADICIONALES

Sanando el Alma Eterno, **Andy Tomlinson**, From the Heart Press, 2012
Dentro de cada uno de nosotros residen memorias de vidas pasadas. Muchas son memorias traumáticas que son re-creadas, haciendo poco sentido en el contexto de nuestra vida presente. Este manual práctico cubre la teoría y técnicas necesitadas para sanarlas e incluye regresión al entre-vidas. Se recomienda tanto para el lector espiritualmente consciente y cualquier sanador.

The Wisdom of the Soul, **Ian Lawton**, con la asistencia de Andy Tomlinson en la investigación, Rational Spirituality Press, 2007
En un asombroso experimento, diez grupos de espíritus evolucionados del entre-vidas comparten profundas revelaciones de temas tal como: el propósito de la vida en la tierra; el futuro de la humanidad; y la naturaleza real del tiempo y la realidad. Este es un libro maravilloso y proporciona información valorable sobre un rango de temas espirituales, históricos y filosóficos.

Journey of Souls, **Michael Newton**, Llewellyn, 1994
Un mayor detalle gráfico es proporcionado sobre cómo se siente morir y cruzar, con quién nos encontramos, adónde ir, y lo que hacemos en los reinos espirituales antes de elegir nuestro cuerpo para próxima la encarnación. La narrativa está basada en los relatos entre-vidas de 29 personas. Este importante libro proporciona otra base para trazar la experiencia entre-vidas.

Exploring Reincarnation, **Toni Winninger and Peter Jenkins**, Celestial Voices, 2011
Un libro canalizado por los Sabios cubriendo su explicación del proceso entre-vidas. Su propósito establecido es explicar la verdad del viaje del alma y las razones para el proceso. Este es muy complementario para las experiencias subjetivas de los clientes teniendo regresiones de vida entre vidas.

Talking with the Leaders of the Past, **Toni Winninger and Peter Jenkins**, Celestial Voices, 2008
Las almas de los líderes del último siglo son canalizadas y se les pregunta sobre su perspectiva espiritual. Se incluye a Hitler, Winston Churchill, Carl Jung, Mahatma Gandhi, y al Papa Juan XXIII. También se discute una variedad de problemas que los hizo famosos con los cuales estamos aún lidiando en nuestra generación. Se refieren al proceso entre-vidas a lo largo de todo el libro.

Memories of the Afterlife, **Edited by Michael Newton**, Llewellyn, 2009.
Este contiene 32 casos de diferentes practicantes de todo el mundo, sobre todo de América del Norte y Europa. Cada caso de estudio es fascinante por derecho propio y contiene relatos de transformación personal desde la experiencia entre-vidas. La consistencia de los relatos añade mayor apoyo a la validez de estas experiencias.

www.ingramcontent.com/pod-product-compliance
Lightning Source LLC
Chambersburg PA
CBHW052021290426

44112CB00014B/2325